ゼロから話せるハンガリー語

[改訂版]

会話中心

岡本真理 著

三修社

トラック対応表

Track			ページ	Track			ページ
1		覚えるフレーズ	2	49		天気の言い方	64
2	1	元気ですか？	18	50		どこから来ましたか？	65
3		表現	19	51	13	音楽院にはどう行けばいいの	66
4		基本的なあいさつ	20	52		表現	67
5		私は元気です	21	53		「行ったことがありますか」	68
6	2	ブダペストはいかがですか	22	54		〜できる、しないといけない、〜してください	69
7		表現	23	55	14	夏はどうするの	70
8		状況や進行状況をたずねる	24	56		表現	71
9	3	名前は？何歳ですか？	26	57		「持っています」の言い方	72
10		表現	27	58		季節と月の表現	73
11		名前・年齢・出身	28	59	15	二等の禁煙席をお願いします	74
12		10までの数字を覚えよう	29	60		表現	75
13	4	お勘定お願いします	30	61		切符の買い方	76
14		表現	31	62		ハンガリー国内の地名	77
15		レストランなどで使う表現	32	63	16	来てくれてうれしいよ	78
16		大きい数の言い方	33	64		表現	79
17	5	じゃがいも1キロください	34	65		動詞の過去形	80
18		表現	35	66		郵便局で使う表現	81
19		買い物で使う表現	36	67	17	名前の日おめでとう	82
20	6	日本人なの？	38	68		表現	83
21		表現	39	69		「おめでとう」の言い方	84
22		職業をたずねる言い方	40	70		カードの書き方	85
23		人を紹介する言い方	40	71	18	そのうちわかるわ	86
24		動詞の不定活用	41	72		表現	87
25	7	チョコケーキ好き？	42	73		よく使う命令文の表現	88
26		表現	43	74		曜日の名前	89
27		…語はできますか？	44	75	19	ヨメさんと相談しなきゃ	90
28		〜は好きますか？	45	76		表現	91
29	8	どこに住んでいるの？	46	77		「〜と言います」「〜と思います」	92
30		表現	47				
31		どこに住んでいるの？	48	78		君が好きだ	93
32		どこにありますか？	49	79	20	またお待ちしてるわ	94
33	9	タクシーお願いします	50	80		表現	95
34		表現	51	81		食事に招かれた時の表現	96
35		電話で使う表現	52	82		ハンガリー語の語順について	97
36		どこへ行きますか？	53	83		ヴィジュアル・ハンガリー語	128
37	10	おなかが痛いの	54			1. 町で	
38		表現	55	84		2. スーパーで	129
39		病気に関する表現	56	85		3. 家の中	130
40		体の部位と「〜が痛い」	57	86		4. たんすの中	131
41	11	何を見たいの	58	87		5. レストランで	132
42		表現	59	88		6. かばんの中	133
43		誘う表現	60	89		7. 人を形容することば	134
44		「〜したい」	60	90		8. 本屋さんで	135
45		時刻の表現	61	91		9. 職業と職場	136
46	12	遅れてごめんなさい	62	92		10. 家族	137
47		表現	63				
48		「〜じゃない？」に答える	64				

はじめに

　「ハンガリー語をちょっと勉強してみようかな」とお考えのみなさん，思い立ったが吉日です。一緒にこの独特の魅力あふれることばを勉強してみませんか？

　ハンガリーは中央ヨーロッパに位置する小国です。人口は１千万人足らずですから，ハンガリー語を話す人口も日本語に比べればずっと少なく，ハンガリー語はいわゆるマイナー言語といえるでしょう。しかし，昨今ハンガリーと日本の交流は文化面と経済面の両方でどんどん活発になり，ハンガリーを訪れる日本人も多くなりました。一度ハンガリーを訪れた人はみな，首都ブダペストを流れるドナウ河と建築の壮麗さ，ハンガリー料理とワインの美味しさ，そしてあたたかく人なつこいハンガリーの人々に魅了されてしまいます。そんな時，ほんの少しでもハンガリー語で人々と歓談できれば，どんなに楽しく，また深い心の交流が生まれることでしょう。本書はそのような小さな希望を実現するお手伝いをするために書かれました。

　ハンガリーでこれからビジネスをされる方，音楽やその他の勉強を計画されている方，そしてほんの数日でも旅行でハンガリーを訪れる機会のある方が，行きの飛行機の中で気軽に本書を開き，到着するやすぐに実践できるような内容にと，工夫したつもりです。まずはダイアローグ編を順番を追って勉強して，これは使えそうだなと思うものがあれば，ぜひそのまま覚えてください。最後の文法編は，少しハンガリー語が身についたあとで復習のつもりで読むと，より理解が深まるでしょう。

　最後に，原稿に目を通し，きめ細かいアドバイスをして下さったCseresnyési László, Győri János, Bincsik Mónika の各氏と三修社の永尾真理氏に心からお礼申し上げます。

著　者

もくじ

■ **本書の使い方**

■ **覚えるフレーズ** 1
こんにちは●やあ●おはよう●ありがとう●どういたしまして●さようなら●はい／いいえ●いいですよ●どうぞ●すみません●大丈夫ですよ●いくらですか●これは何ですか●ください●どこにありますか●あります／ありません●好きです●乾杯！●お元気ですか●わかりません

■ **ハンガリー語とは** 14

■ **ダイアローグで学んでみよう** 17

1 **元気ですか** 18
基本的なあいさつ●「元気です」

2 **ブダペストはいかがですか** 22
ものごとの状況や進行具合をたずねる言い方

3 **名前は？何歳ですか？** 26
名前・年齢・出身を言いましょう● 10 までの数字を覚えよう

4 **お勘定お願いします** 30
レストランや喫茶店でよく使う表現●大きい数の言い方

5 **じゃがいも１キロください** 34
買い物で使う表現を学ぼう●「～を」の言い方と母音調和

6 **日本人なの？** 38
職業をたずねる言い方●動詞の不定活用を学びましょう

7 **チョコケーキ好き？** 42
…語はできますか？●「～は好きですか？」動詞の定活用

8 **どこに住んでいるの？** 46
後置詞●「どこに住んでいるの？」「何で通っているの？」「どこにありますか？」──場所を表す接尾辞

9	タクシーお願いします	50
	電話でよく使う表現を学びましょう	
	どこへ行きますか？——「〜へ」を表す接尾辞	
10	おなかが痛いの	54
	病気に関する表現を学びましょう	
	体の部位を覚えて「〜が痛い」と言ってみましょう	
11	何を見たいの？	58
	誘う表現を学びましょう●「〜したい」の表現●時刻の言い方	
12	遅れてごめんなさい	62
	「〜じゃない？」の質問に答えましょう●天気の言い方	
	どこから来ましたか？——「〜から」を表す接尾辞	
13	音楽院にはどう行けばいいの？	66
	「行ったことがありますか？」の表現を学びましょう	
	〜できる，〜しないといけない，〜してください	
14	夏はどうするの？	70
	「持っています」の言い方●季節の言い方・月の言い方	
15	二等の禁煙席をお願いします	74
	切符の買い方を学びましょう●ハンガリー国内の地名	
16	来てくれてうれしいよ	78
	動詞の過去形●郵便局で使う表現	
17	名前の日おめでとう！	82
	「おめでとう」の言い方●カードの書き方	
18	そのうちわかるわ	86
	よく使う命令文の表現●曜日の名前	
19	ヨメさんと相談しなきゃ	90
	「〜と言います」「〜と思います」の表現●君が好きだ	
20	またお待ちしているわ	94
	食事に招かれた時の表現●ハンガリー語の語順	

■文法 98

1 文字と発音 98
アルファベット●母音●子音●アクセントとイントネーション

2 動詞 103
人称代名詞と存在動詞 van の変化●現在形の不定活用と定活用●過去形の不定活用と定活用●命令形の不定活用と定活用●仮定形の不定活用と定活用●不定形●未来を表す fog ●動詞の接頭辞

3 名詞 116
対格接尾辞●複数接尾辞●場所を表す接尾辞●その他の接尾辞●接尾辞の人称形●所有接尾辞と所有代名詞●指示代名詞●再帰代名詞●関係代名詞●後置詞

4 形容詞と副詞 123
形容詞の複数・対格接尾辞●比較級と最上級

5 よく使う文型 125
nem A, **hanem** B ● A は B を持っている● **az ..., hogy ...** の複文● **aki, ami** などの関係詞の複文●命令形を伴う複文

■ヴィジュアル・ハンガリー語 128
町で／スーパーで／家の中／たんすの中／レストランで／かばんの中／人を形容することば／本屋さんで／職業と職場／家族

■ INDEX 138

本書の使い方

　本書は「覚えるフレーズ」「ダイアローグで学んでみよう」「文法編」「ヴィジュアルハンガリー語」「INDEX」の5つの部分で構成されています。

まずははじめまして！「覚えるフレーズ」

　もっともよく使われるあいさつのことばや表現を集めました。まずはともあれ，声を出してハンガリー語になじんでみましょう。

ハンガリー生活をバーチャル体験「ダイアローグで学んでみよう」

　20課で構成されています。ハンガリーに到着したばかりの日本語教師ハナコさんのハンガリー生活が描かれています。ハナコの夫でジャーナリストのトモオ，息子のダイ，ハナコの日本語教室の社会人学生ベンツェや子どもの幼稚園を通した人間関係が展開します。
　さて，結末は…？

　各課では買い物や飲食店，病院や家庭への招待など，いろいろな場面でもっともよく使われる会話が紹介されています。応用となるその他の表現も出てきますので，自分で使えそうな文をしっかり覚えてしまいましょう。なお，文法事項も段階を踏んで身につけられるように工夫しています。

少し背伸びして「文法編」

　ハンガリー語文法の中で，もっとも基本的なものを解説しています。ダイアローグをとりあえず最後まで進んだあと，整理・復習として，また学習の発展として上手に利用してください。

「ヴィジュアル・ハンガリー語」

　さまざまなジャンルの単語をイラストとともに紹介しています。語彙を増やして表現力をアップさせましょう。

「INDEX」

　本書で出てきた単語が，日本語―ハンガリー語辞書の形でアイウエオ順に整理されています。単語には変化形や接尾辞の形も記しています。

●音声ダウンロード・ストリーミング

本書の付属 CD と同内容の音声がダウンロードならびにストリーミング再生でご利用いただけます。PC・スマートフォンで本書の音声ページにアクセスしてください。

https://www.sanshusha.co.jp/np/onsei/isbn/9784384046076/

覚えるフレーズ

こんにちは
Jó napot kívánok!
ヨー　ナポト　キヴァーノク

文字通りには「良い・日を・希望します」の意味で，いつでもどこでも使えます。はじめの jó の部分に力を入れて言うと，うまく発音できます。Jó napot! だけでも同じように使えます。

やあ
Szia!　Sziasztok!
スィア　　スィアストク

家族同士やうちとけた間柄で使うあいさつです。相手が一人なら szia，複数なら sziasztok を使います。「バイバイ」のように別れるときにも用います。

おはよう
Jó reggelt kívánok!
ヨー　レッゲルト　キヴァーノク

「こんにちは」のバリエーションの一つです。「日を napot [ナポト]」の部分を「朝を reggelt [レッゲルト]」に変えたものです。「晩を estét [エシュテート]」「夜を éjszakát [エーイサカート]」に変えるとそれぞれ「こんばんは」「おやすみなさい」となります。

Jó estét kívánok!　　　こんばんは。
Jó éjszakát kívánok!　　おやすみなさい。

ありがとう
Köszönöm.
ケセネム

日本人の苦手な ö の音が連続します。「オ」を言いながら口を丸くすぼめ、舌を根っこから持ち上げてみると、うまく発音できます。

どういたしまして
Szívesen.
スィーヴェシェン

「喜んで」という意味です。Köszönöm. [ケセネム] と言われたら，これで返事します。Kérem. [ケーレム], Nincs mit. [ニンチュ ミト] などもあります。

Kérem.	どういたしまして。
Nincs mit.	どういたしまして。

さようなら
Viszontlátásra!
ヴィソントラーターシュラ

別れるときのあいさつです。長くて覚えにくい人は短く「ヴィスラーッ！」と言ってもかまいません。友達同士なら Szia! になります。

はい／いいえ
Igen. / Nem.
イゲン　ネム

はじめてハンガリーの町を歩くと，耳をついて離れないのがこの「イゲン」です。妙な感じがしますが，慣れてくると親しみを感じます。
早く「イゲン」と答えられるよう，がんばって勉強しましょう。

いいですよ
Jó.
ヨー

「わかりました」「かまいませんよ」などの承諾を表し，とてもよく使います。Oké. [オケー] と同じような意味です。

Oké.　　　　OK!

どうぞ
Tessék!
テッシェーク

ものを勧める時に言います。「テッシェーク？」としり上がりで疑問文にすると，「え？」と相手の言ったことを聞き返す表現になります。

 Tessék? え？

すみません
Bocsánat!
ボチャーナト

謝る時や，「ちょっとすみませんが」と声をかける時に用います。

大丈夫ですよ
Nem baj!
ネム　バイ

baj は「問題，困ったこと」の意味です。いいんですよ，気にしませんよという意味で使います。「ドンマイ」という感じ（ちょっと古めかしいでしょうか）です。Nincs probléma. [ニンチュ　プロブレーマ] とも言えます。

　Nincs probléma.　　大丈夫ですよ。

いくらですか
Mennyibe kerül?
メンニベ　　　ケルル

値段を尋ねる時に使います。kerül [ケルル] の発音がむずかしい場合は，Mennyi? [メンニ] と省略しても大丈夫です。

　Mennyi?　　いくらですか？

これは何ですか
Mi ez?
ミ　エズ

miは「何」，ezは「これ」の意味です。あれは何ですか，はMi az? ［ミ　アズ］となります。ハンガリー語では，「AはBです」という時にはA，Bを並べるだけで，動詞を使いません（ただし3人称現在形の場合のみ）。

Mi az?　　　　これは何ですか？

Ez Japán.　　これは日本です。
エズ　ヤパーン

ください
Kérek!
ケーレク

買い物やお店での注文に使います。「…をください」という場合は，ものの名前に -t をつけて，目的語にします。ただし，つなぎにさまざまな母音が入るのですが，これについてはあとで学びます。

Nem kérek.　　いりません。
ネム　ケーレク

どこにありますか
Hol van?
ホル　ヴァン

場所をたずねます。

Hol van a pénztár?
ペーンズタール
レジはどこですか？

Hol van a WC (vécé)?
ヴェーツェー
トイレはどこですか？

などのように使います。

あります／ありません
Van. / Nincs.
ヴァン　ニンチュ

Nincs は Van の否定形です。「ありますか？」とたずねる時は、ヴァン？とそのまましり上がりに言います。

かつて社会主義のハンガリーでは、どの店でもよく Nincs. と言われましたが、今ではほとんど何でも Van. です。

好きです
Szeretem.
セレテム

「…が好き」という場合は「ください」の表現と同様にものの名前に -t をつけて目的語にします。逆に「嫌い」と言いたければ、nem を使って Nem szeretem. [ネム セレテム] と言います。食事に招待された時など、事前に好き嫌いを正直に言っておく方が、かえって喜ばれることがあります。

Nem szeretem. 　嫌いです。

乾杯！
Egészségünkre!
エゲーッシェーグンクレ

「私たちの健康のために」という意味です。長くて大変ですが、相手の目をよく見て、笑顔で言いましょう。ただし、ハンガリー人はビールを飲む時にはグラスをぶつけないので、気をつけてください（ハンガリーがオーストリアに戦争で負けた時、オーストリア人がビールで乾杯したという逸話から）。

お元気ですか
Hogy van?
ホジ　ヴァン

相手の健康や近況をたずねる言い方です。親しい友人になればHogy vagy? [ホジ　ヴァジ] と言います。ちょっとしり上がりに言う方が親しみがこもります。
たずねられれば，Köszönöm, jól. [ケセネム　ヨール] と答えましょう。jól は jó の副詞形で「元気に，調子よく」という意味になります。

| Hogy vagy? | 元気？ |
| Köszönöm, jól. | 元気です。 |

わかりません
Nem értem.
ネム　エールテム

言われたことなどが理解できない時に使います。押し売りに会って困った時など不利な状況の時に，難を逃れるために，わかっていて使うことも一手です。

ハンガリー語とは

●ハンガリー語を話す人々

　ハンガリー語は中央ヨーロッパに位置するハンガリーの公用語です。ハンガリーの人口は現在ほぼ1千万人で，その中の98％以上がハンガリー語を母語としています。ハンガリー国内には他に，ロマ（ジプシー），ドイツ人，そしてスロヴァキア人・セルビア人などのさまざまな民族が少数民族として暮らしています。逆に国境を越えた隣国には多くのハンガリー人が住み，ハンガリー語を話しています。一番多いのはルーマニアで，トランシルヴァニア地方には120万人以上のハンガリー人が住んでいます。また，スロヴァキアに約46万人，セルビア（旧ユーゴスラビア）に約25万人，ウクライナに約15万人，少数ですがオーストリア・クロアチア・スロヴェニアにもいます。19世紀以来の移民として，また第二次世界大戦や1956年のハンガリー革命の亡命者として北米大陸，西ヨーロッパそしてオーストラリアなどへ移住した結果，これらの地域のハンガリー系移民も相当数にのぼります。

　こうしてみると，ハンガリー語はマイナー言語でありながら，その話者は世界中に存在することになります。実際，世界で著名なスポーツ選手や政治家などをテレビで見かけると，その名前からすぐにハンガリー人とわかる場合も多くあります。また，ハンガリーの大学で毎年行われる外国人向けのハンガリー語サマースクールに参加すると，世界中から来るハンガリー系二世や三世の若者たちに出会えます。彼らのなかにはハンガリー語をネイティブなみに話せる人もいれば，まるっきりの初心者までさまざまです。いずれにせよ，ハンガリーに住むおじいちゃん・おばあちゃんやいとこたちを訪問がてら，ハンガリー語も上達しよう，という気持ちでやって来るようです。

● ハンガリー語の親戚は？

　ハンガリーはヨーロッパの国ですが，マジャル民族は，実はもともと東方から民族移動を繰り返し，現在の位置までやって来ました。どうりで英語や他のヨーロッパの言語と似ていないわけだ，とお思いになるでしょう。ハンガリー語は印欧語の仲間ではなく，ウラル語族と呼ばれる別の言語グループに属します。ロシアの中央部にある，シベリアとヨーロッパ・ロシアを分ける大きなウラル山脈のふもとが，ハンガリー語のふるさとです。

　ハンガリー語に一番近い言語であるハンティ語とマンシ語は，今では話者がとても少ないのですが，この西シベリア地方で話されています。ほかにもフィンランド語やエストニア語，北極圏に住むサーミ人（ラップ人）の言語もウラル語族に属します。ただ，これらの言語とハンガリー語はすっかり遠くに離れてしまったため，イタリア語とスペイン語のように似ているとか，類推がきくなどということは残念ながらありません。ハンガリー語はこの西方への長い旅のあいだに多くの言語と出会っては影響を受け，現在の場所に定住してからも，ラテン語やドイツ語・スラブ諸語などから多くの外来語を取り入れています。

● ハンガリー語のあゆみ

　ハンガリーは旧社会主義圏であるためか，「ハンガリー語ってキリル文字を使うの？」ときかれることもたびたびあります。ハンガリー語はローマ字を使いますが，たしかにロシア語だけでなく，同じ東ヨーロッパのブルガリア語やセルビア語などはキリル文字を使います。これは，社会主義だった国というより，ローマ・カトリック圏か東方正教圏であるかにかかわっています。マジャル人は9世紀末に定住すると，初代のイシュトヴァーン王の時にカトリックの王国となり，ローマ字を取り入れました。東方正教の影響を強く受けた地域はキリル文字を使うので，例えば現在ローマ字を使用するルーマニア語やチェコ語・クロアチア語の地域には，かつてキリル文字（またはその前身）を使用している時代もありました。

こうしてハンガリー語はローマ字を使うようになり，最古のハンガリー語文献は11世紀半ばに登場します。しかし，だからといって最初からハンガリー中でハンガリー語を使っていたわけではありません。他のヨーロッパ諸国同様，ラテン語がキリスト教会の権威とともに，長い間ハンガリーの貴族の政治・学問・文化をつかさどっていましたし，ハプスブルク帝国時代は，一時期ドイツ語が公用語になりました。近代の民族運動の長い道のりを経て，ようやくハンガリー語が公用語と認められ，どこででも使用されるようになったのです。現在でも，「ハンガリー語はヨーロッパの海に浮かぶ小さな孤島である」という意識がハンガリー人には強く，それゆえにいっそう自分たちのことばに対する愛着が強いのです。

◀ブダの王宮

ダイアローグで学んでみよう

1 元気ですか？
Hogy vagy?

Bence	**Szia, Hanako!**	
	スィア　ハナコ	
Hanako	**Szia, Bence! Hogy vagy?**	
	スィア　ベンツェ　ホジ　ヴァジ	
Bence	**Köszönöm szépen, jól. És te?**	
	ケセネム　　セーペン ヨール エーシュ テ	
Hanako	**Köszönöm, megvagyok.**	
	ケセネム　　メグヴァジョク	

```
ベンツェ　やあ，ハナコ。
ハナコ　　あら，ベンツェ。元気？
ベンツェ　ありがとう，元気だよ。君は？
ハナコ　　ありがとう，なんとかね。
```

Szia, Hanako!
スィア　ハナコ

やあ，ハナコ。

Szia! は親しい間柄で使うもっとも一般的なあいさつです。見知らぬ人やあらたまった関係では，

 Jó napot kívánok!　こんにちは。

を使います。

Hogy vagy?
ホジ　ホヴァジ

元気ですか？

hogy は「どのように」という意味です。親しい人には Hogy vagy? ですが，あらたまった場合には vagy のかわりに van を使い，

 Hogy van?　お元気ですか？

となります。

Köszönöm szépen, jól.
ケセネム　セーペン　ヨール

ありがとう，元気です。

Köszönöm. だけでも「ありがとう」の意味になります。jól は「よく，元気に」の意味で，

 Jól vagyok. とも答えます。

És te?
エーシュ　テ

で，あなたは？

és は「～と」という意味ですが，ここでは「それで？」という感じです。te は親しい相手の人称です。あらたまった場合は ön や maga が使われ，

 És ön?　És maga?

となります。

Megvagyok.
メグヴァジョク

まあまあです。

元気だと強調もせず，さりとて具合が悪くもないというふつうの場合に，よく使われる表現です。相変わらずやっている，というニュアンスを伝えます。

基本的なあいさつ

ハンガリー語のあいさつには以下のようなものがあります。下へいくほどあらたまった表現です。

Helló! ヘロー	こんにちは。(別れる時にも使います)
Szia! Sziasztok! スィア　スィアストク	こんにちは。(別れる時も同じ)
Szervusz! Szervusztok! セルヴス　　セルヴストク	こんにちは。(別れる時も同じ)
Jó napot kívánok! ヨー　ナポト　キヴァーノク	こんにちは。
Viszontlátásra! Viszlát! ヴィソントラーターシュラ　ヴィスラート	さようなら。

Szia! Szervusz! は相手が一人でなく何人かいれば，それぞれ Sziasztok! Szervusztok! になります。Viszontlátásra! は略して Viszlát! とも言います。

その他のあいさつ

Kezét csókolom! ケゼート　チョーコロム	こんにちは。(＝お手にキスを)
Csókolom! チョーコロム	こんにちは。(＝あなたにキスします)

上の表現は男性が女性に，下の表現は子供や若者が年配の人に対して用います。現在ではあまり見かけなくなってきましたが，少し前までは本当に手にキスをすることもありました。

Nagyon szépen köszönöm. ナジョン　セーペン　ケセネム	どうもありがとうございます。
Nagyon szívesen. / Nincs mit. ナジョン スィーヴェシェン　ニンチュ　ミト	どういたしまして。

Nagyon szépen köszönöm. は Köszönöm. だけよりずっと丁寧な表現です。

🎧5 「私は元気です」「彼は元気です」を言ってみよう

		単数			複数	
1人称	私は	**én** エーン	**jól** ヨール	**vagyok** ヴァジョク	私たちは	**mi** ミ **jól** ヨール **vagyunk** ヴァジュンク
2人称	君は	**te** テ	**jól** ヨール	**vagy** ヴァジ	君たちは	**ti** ティ **jól** ヨール **vagytok** ヴァチトク
3人称	彼・彼女は	**ő** エー	**jól** ヨール	**van** ヴァン	彼ら・彼女らは	**ők** エーク **jól** ヨール **vannak** ヴァンナク
敬称（あらたまった間柄）	あなたは	**ön** エン / **maga** マガ	**jól** ヨール	**van** ヴァン	あなたがたは	**önök** エネク / **maguk** マグク **jól** ヨール **vannak** ヴァンナク

Hogy van Varga úr ?　　Jól van.
ホジ ヴァン ヴァルガ ウール　　ヨール ヴァン
ヴァルガさんはお元気ですか？　元気ですよ。

úr は男性だけに使われ,「～さん」の意味になります。

(Önök) hogy vannak ?　　Köszönjük, jól vagyunk.
エネク ホジ ヴァンナク　　ケセニュク ヨール ヴァジュンク
（あなたがた）お元気ですか？　ありがとう, 元気です。

köszönjük は複数（私たち）の謝意を表すのに用います。

ハンガリー人に多い名前

姓	Szabó サボー	Kálmán カールマーン	Kiss キシュ	Nagy ナジ	Horváth ホルヴァート	Tóth トート
男性	János ヤーノシュ	Péter ペーテル	Zoltán ゾルターン	István イシュトヴァーン	László ラースロー	Sándor シャーンドル
女性	Katalin カタリン	Éva エーヴァ	Mária マーリア	Erzsébet エルジェーベト	Zsuzsa ジュジャ	Andrea アンドレア

ハンガリー人は日本人と同様, 姓を前に, 名を後ろにします。
　　Szabó János　　Kiss Katalin など。
　　サボー ヤーノシュ　　キシュ カタリン

2 ブダペストはいかがですか？
Hogy tetszik Budapest?

Bence	**Hogy tetszik Budapest?**
	ホジ テッツィク ブダペシュト
Hanako	**Tetszik. Szép a város, és mindenki kedves.**
	テッツィク セープ ア ヴァーロシュ エーシュ ミンデンキ ケドヴェシュ
Bence	**Remek. És hogy megy a magyar?**
	レメク エーシュ ホジ メジ ア マジャル
Hanako	**Hát, lassan. Nehéz a magyar, de érdekes.**
	ハート ラッシャン ネヘーズ ア マジャル デ エールデケシュ

> ベンツェ　ブダペストはいかが？
> ハナコ　　いいわよ。町はきれいで，みんな親切だわ。
> ベンツェ　それはよかった。それでハンガリー語の方はどう？
> ハナコ　　まあ，ぼちぼちね。ハンガリー語はむずかしいけど，面白いわ。

> **Hogy tetszik Budapest?**　ブダペストはいかがですか？
> ホジ　テッツィク　ブダペシュト

hogy（どのように）tetszik（気に入る）で「〜はいかがですか？」と物事への感想や意見をたずねます。主語は話題となっている対象（ここでは「ブダペスト」）です。

> **Szép a város.**　町はきれいだし。
> セープ　ア　ヴァーロシュ

város（町）の前につく a は定冠詞です。名詞が特定のものを指し示す場合につきます。この文のようにハンガリー語の叙述文では述語—主語という順番も一般的です。もちろん主語—述語の順で言ってもかまいません。

　　A város szép.　町はきれいだ。

> **Hogy megy a magyar?**　ハンガリー語はどうですか？
> ホジ　メジ　ア　マジャル

hogy（どのように）megy（行く）で物事の進行状況をたずねます。上の「いかがですか？」と同様，この場合も話題となる物事（ここではハンガリー語）が主語となります。

> **Hát, lassan.**　まあ，ぼちぼちね。
> ハート　ラッシャン

lassan は「ゆっくりと」という意味ですが，あまり進んでいない，思うようにはいかないけれど，なんとかやっている，というニュアンスを表します。

王宮の丘 ▶

ものごとの状況や進行具合をたずねる言い方

Hogy tetszik Japán? ホジ テッツィク ヤパーン	日本はいかがですか？
Nagyon tetszik. ナジョン テッツィク	とても気に入りました。

tetszik は「気に入る」という意味ですが、気に入られる対象が主語となります。ここでは「日本」です。nagyon は「とても」の意味です。

Hogy érzi magát? ホジ エールズィ マガート	どうですか？
Nagyon jól. ナジョン ヨール	とても楽しいです。
Nem túl jól. ネム トゥール ヨール	あまり楽しくありません。

érzi は「感じる」、magát は「自分自身を」の意味で、jól érzi magát で「自分自身をよく感じる」＝「楽しい」または「体調が良い」となります。túl は「…過ぎる」の意味ですが、nem túl で「あまり…でない」となります。

Hogy megy a munka /tanulás? ホジ メジ ア ムンカ タヌラーシュ	仕事／勉強はうまくいってますか？
Köszönöm, jól. ケセネム ヨール	ええ、おかげさまで。
Nem jól. ネム ヨール	いいえ、うまくいってません。

hogy が「どのように」、megy が「行きますか？」で、進行状況をたずねます。

Hiányzik az otthon? ヒアーンズィク アズ オトホン	ホームシックはありますか？
Igen. Nagyon hiányzik. イゲン ナジョン ヒアーンズィク	ええ。とても恋しいです。

hiányzik は「なくてさびしい」という意味です。otthon（家、ふるさと）が主語です。定冠詞は otthon のように母音で始まる語につく時、az となります。

握手とキス

あいさつで大切なものに，ことばと並んでジェスチャーがあります。日本ではあまりなじまないあいさつの方法に，握手とキスがあります。初めて会った人には，相手の目をよく見て朗らかに握手をしましょう（立つのが礼儀です）。特に女性は，男性から握手を求めると失礼にあたるので，女性から手を差し出します。別れる時にも握手をします。もっと親しくなると，頬にキスをします。初めて会った時は握手でも，親しくなれば，次に会った時にはキスすることもしばしばです。ハンガリーでは左頬，次に右頬と2回します（東欧の他の国では，これが左右左と3回になったりします）。キスは女性同士または女性と男性に多く，男性同士だとやはり握手が一般的です。

名前と名前の日のお祝い

ハンガリー人の名前の多くはキリスト教の聖人，歴史上の王や王妃の名などに由来します。日本に比べるとけっこう名前の種類が少なく，知り合いが増えるうちに「あれ，もうイシュトヴァーンは3人目だ」なんてことになります。これは，法律上選べる名前の範囲が限られているからで，そのかわり全ての名前に名前の日があります。名前の日はカレンダーによく印刷されています。この日には友人だけでなく，職場でもかならず同僚たちが花束などを用意して祝います。身近な人の名前の日をたずねておくとよいでしょう。

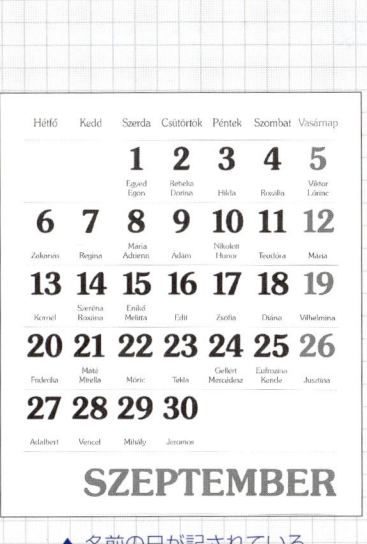

▲ 名前の日が記されている

3 名前は？何歳ですか？
Hogy hívnak? Hány éves vagy?

幼稚園で

Sári	**Hogy hívnak?** ホジ　ヒーヴナク
Dai	**Dai vagyok.** ダイ　ヴァジョク
Sári	**Hány　éves　vagy, Dai?** ハーニ　エーヴェシュ　ヴァジ　ダイ
Dai	**Öt.** エト
Sári	**Én már hat éves vagyok. Jövőre megyek iskolába.** エーン　マール　ハト　エーヴェシュ　ヴァジョク　イェヴェーレ　メジェク　イシュコラーバ

```
シャーリ　名前は？
　ダイ　　ダイだよ。
シャーリ　何歳なの，ダイ？
　ダイ　　5歳。
シャーリ　私はもう6歳よ。来年学校へ行くの。
```

Hogy hívnak?
ホジ　ヒーヴナク
なんていう名前？

hogy（どのように）hívnak（呼ぶ）という言い方で，相手の名前をたずねるもっとも一般的な表現です。これは相手を te，つまり友人同士で呼んでいる場合です。敬称の場合は Hogy hívják? というふうに，動詞 hív の活用が変わります。動詞の2種類の活用については，のちに勉強しますので，ここでは Hogy hívnak? だったら友達扱いで親しく，Hogy hívják? であればかしこまって距離をとっていると考えてください。学生など若い人同士では，初対面から te で呼び合うことが多いです。

Hány éves vagy?
ハーニ　エーヴェシュ　ヴァジ
何歳ですか？

hány（いくつの）éves（年の）で相手の年齢をたずねる表現です。te で呼ぶ相手では Hány éves vagy? と vagy がつきますが，敬称であれば Hány éves? だけとなります。

Hat éves vagyok.
ハト　エーヴェシュ　ヴァジョク
私は6歳です。

te（君は）の場合 vagy を使うのに対し，én（私は）の時には vagyok を使います。

Jövőre megyek iskolába.
イェヴェーレ　メジェク　イシュコラーバ
来年学校に行きます。

日本語の「てにをは」のように，ハンガリー語も語の末尾にいろいろな役割をする接尾辞というものをつけます。ここでは -ba は「学校へ」の「へ」に相当します。

くさり橋▶

名前・年齢・出身を言いましょう

> **Hogy hívják?**
> ホジ　ヒーヴャーク
>
> お名前は？
>
> **Kérem szépen a nevét.**
> ケーレム　セーペン　ア　ネヴェート
>
> お名前をお願いします。

下の表現は，手続きなどで書類に名前を書き込む場合によく使われます。nevét は név（名前）からできた「あなたの名前を」，kérem szépen は「お願いします」の意味です。

> **Hány éves (ön)?**
> ハーニ　エーヴェシュ　エン
>
> おいくつですか？
>
> **Péter huszonhat éves.**
> ペーテル　フソンハト　エーヴェシュ
>
> ペーテルは26歳です。

3人称 ő, ők や敬称 ön, önök の場合，van, vannak は「ある・いる」といった存在を表す場合のみ使います。「A は B である」の表現では A, B のみの列挙となり，動詞 van は使いません。

> **Ön tokiói?**
> エン　トキオーイ
>
> 東京の出身ですか？
>
> **Nem. Ószakai vagyok.**
> ネム　オーサカイ　ヴァジョク
>
> いいえ。大阪出身です。

出身地をたずねる場合，地名に -i をつけると「〜出身の」という意味になります。その場合，固有名詞でも大文字は使いません。また，「〜の」という一般的な形容詞にもなります。

budapesti
ブダペシュティ
ブダペスト出身の，ブダペストの

debreceni
デブレツェニ
デブレツェン出身の，デブレツェンの

budapesti térkép
ブダペシュティ　テールケープ
ブダペストの地図

10までの数字を覚えよう

	いくつ？ hány? ハーニ	何番目の？ hányadik? ハーニャディク	何番の？ hányas? ハーニャシュ
1	egy エジ	első エルシェー	egyes エッジェシュ
2	kettő (két) ケッテー　ケート	második マーショディク	kettes ケッテシュ
3	három ハーロム	harmadik ハルマディク	hármas ハールマシュ
4	négy ネージ	negyedik ネジェディク	négyes ネージェシュ
5	öt エト	ötödik エテディク	ötös エテシュ
6	hat ハト	hatodik ハトディク	hatos ハトシュ
7	hét ヘート	hetedik ヘテディク	hetes ヘテシュ
8	nyolc ニョルツ	nyolcadik ニョルツァディク	nyolcas ニョルツァシュ
9	kilenc キレンツ	kilencedik キレンツェディク	kilences キレンツェシュ
10	tíz ティーズ	tizedik ティゼディク	tizes ティゼシュ

▸ **három** alma　3つのりんご
　ハーロム　アルマ

▸ **két** diák　2人の学生
　ケート　ディアーク

▸ **második** emelet　2階
　マーショディク　エメレト

▸ **négyes** villamos　4番の市電
　ネージェシュ　ヴィッラモシュ

→「いくつの」という数字がつくと，意味は複数でも単数表現になります。

→単に数字として用いる時は kettő ですが，「2つの～」と後ろにものがつくと két となります。

→1階は földszint（地階）になるので，実際は3階のことです。

4 お勘定お願いします
Kérem a számlát!

Hanako	**Elnézést! Kérem a számlát!**
	エルネーゼーシュト　ケーレム　ア　サームラート
Pincérnő	**Egy pillanat! Mindjárt jövök! ... Egy eszpresszó**
	エチ　ピッラナト　ミンジャールト　イェヴェク　エジ　エスプレッソー
	és egy ásványvíz. Az négyszázkilencven forint.
	エーシュ　エジ　アーシュヴァーニヴィーズ　アズ　ネーチサーズキレンツヴェン　フォリント
Hanako	**Tessék, ötszázötven.**
	テッシェーク　エッツァーズエトヴェン
Pincérnő	**Köszönöm szépen!**
	ケセネム　セーペン

　　ハナコ　　すみません。お勘定お願いします。
ウェイトレス　お待ちください。すぐ行きます。エスプレッソ１つとミネラル
　　　　　　　ウォーター１つ。490 フォリントです。
　　ハナコ　　じゃ，550 フォリントで。
ウェイトレス　ありがとうございます。

Kérem a számlát!
ケーレム ア サームラート

お勘定お願いします。

Kérem a ...! で「…をお願いします」という表現です。számla は「勘定書，領収書」のことです。számlát で「勘定書を」となります。ハンガリーでは，他のヨーロッパ諸国同様，レジで支払うのではなく，ウェイターを呼び止めてテーブルで支払います。

Egy pillanat!
エチ　ピッラナト

少々お待ちください。

Egy は「ひとつの」，pillanat は「瞬間」の意味で，「ちょっと待って」となります。

Mindjárt jövök!
ミンジャールト　イェヴェク

すぐに来ます。

mindjárt は「すぐに」，jövök は jön（来る）の変化で「私は来る」です。

Tessék, ötszázötven.
テッシェーク　エッツァーズエトヴェン

では，550フォリントで。

Tessék は「どうぞ」の意味です。ハンガリーは何にでもチップが必要な「チップ社会」ですが，飲食店では請求額の一割を目安にします。立ち去るときテーブルに置いていくのではなく，支払いのときに上乗せしてウェイターに払うのが一般的です。上のように，チップ込みの値段をこちらから指定すると，おつりを返してくれます。

ドナウ川沿いのカフェ▶

レストランや喫茶店でよく使う表現

Kérem az étlapot. ケーレム　アズ　エートラポト	メニューをください。
Azonnal hozom. アゾンナル　ホゾム	すぐにもってまいります。

étlap は品書きのことです。menü というと「（特に昼の時間帯の）定食」の意味になってしまいます。azonnal は「すぐに」という意味です。

Fizetni szeretnék. フィゼトニ　セレトネーク	支払いたいのですが。

fizet は「支払う」の意味です。szeretnék は「私は…したい」という時のていねいな言い方です。不定詞 -ni を伴います（ここでは fizet**ni**）。

Jó étvágyat kívánok! ヨー　エートヴァージャト　キヴァーノク	召し上がれ！（食べる人に対して）
Egészségére! エゲーッシェーゲーレ	あなたの健康のために！（飲食を終えた相手に対して）
Köszönöm. Viszontlátásra! ケセネム　ヴィソントラーターシュラ	ありがとう。さようなら。

étvágy は「食欲」のことで,「よい食欲を」という表現です。
Egészségére! は「あなたの健康のために」の意味です。いずれも食事の前後にウェイターが言いますが, 家庭の食事の際にも用います。言われれば礼を述べましょう。「いただきます」「ごちそうさま」のように, 食べる本人が言うのではなく, もてなす側が使う言い方です。

ドボシュケーキ▶

大きい数の言い方

11	tizenegy ティゼンエジ	20	húsz フース	90	kilencven キレンツヴェン
12	tizenkettő ティゼンケッテー	21	huszonegy フソンエジ	100	száz サーズ
13	tizenhárom ティゼンハーロム	22	huszonkettő フソンケッテー	1000	ezer エゼル
14	tizennégy ティゼンネージ	30	harminc ハルミンツ	1万	tízezer ティーズエゼル
15	tizenöt ティゼンエト	40	negyven ネジヴェン	10万	százezer サーズエゼル
16	tizenhat ティゼンハト	50	ötven エトヴェン	100万	millió ミリオー
17	tizenhét ティゼンヘート	60	hatvan ハトヴァン	1000万	tízmillió ティーズミリオー
18	tizennyolc ティゼンニョルツ	70	hetven ヘトヴェン	1億	százmillió サーズミリオー
19	tizenkilenc ティゼンキレンツ	80	nyolcvan ニョルツヴァン	10億	milliárd ミリアールド

ezerkilencszázkilencvenöt　1995年
エゼルキレンツサーズキレンツヴェンエト

száznyolcvanezer forint　18万フォリント
サーズニョルツヴァンエゼル　フォリント

▶日付を表す時は,「～番目の」を用います。

　　Hányadika van ma?　　今日は何日ですか？
　　ハニャディカ　ヴァン　マ

　　Huszonkettedike van.　　22日です。
　　フソンケッテディケ　ヴァン

hányadika, huszonkettedike の最後の -a, -e は所有接尾辞です。母音調和（次の課を参照）によって -a または -e が決まります。

elseje　1日　　　　másodika　2日　　　　harmadika　3日
negyedike　4日　　huszadika　20日　　　など。
（「1日」だけ変わっているので，気をつけましょう。）

5 じゃがいも１キロください
Kérek szépen egy kiló krumplit.

Eladó	**Segíthetek?**	
	シェギートヘテク	
Hanako	**Jó napot kívánok! Kérek szépen egy kiló krumplit.**	
	ヨー ナポト キヴァーノク ケーレク セーペン エチ キロー クルンプリト	
Eladó	**Még valamit?**	
	メーグ ヴァラミト	
Hanako	**Fél kiló paprikát kérek.**	
	フェール キロー パプリカート ケーレク	
Eladó	**Mást?**	
	マーシュト	
Hanako	**Mást nem, köszönöm.**	
	マーシュト ネム ケセネム	

　店員　　何にしましょうか。
　ハナコ　こんにちは。じゃがいも１キロください。
　店員　　まだ何か？
　ハナコ　パプリカ半キロくださいな。
　店員　　ほかには？
　ハナコ　ほかはけっこうです。ありがとう。

| **Segíthetek?** | 何にいたしましょうか？ |
| シェギートヘテク | |

文字通りには「私は手伝うことができますか？」ですが，店員が声をかけるとき，また一般に手伝いを申し出る場合に使います。

| **Kérek szépen ...t.** | …をください。 |
| ケーレク　セーペン | |

kérek は「私は注文します」という意味です。szépen をつけるとていねいになりますが，kérek だけでも大丈夫です。
ものの名前に -t をつけると，「〜を」となります。

　　krumpli　じゃがいも　→　krumpli**t**　　じゃがいもを

　　paprika　　パプリカ　　→　paprik**át**　　パプリカを

最後が a または e で終わる語は á, é と長くのばします。

| **Még valamit?** | まだ何か？ |
| メーグ　ヴァラミト | |

valami（何か）に -t がついて，valamit（何かを）となります。

| **Fél kiló paprikát kérek.** | パプリカを半キロください。 |
| フェール　キロー　パプリカート　ケーレク | |

fél は「半分」の意味で，fél kiló で「半キロ」になります。

| **Mást?** | ほかには？ |
| マーシュト | |

más は「ほかのもの」の意味で，-t がついて mást（ほかのものを［注文しますか？］）となります。

国会議事堂▶

🎧19 買い物で使う表現を学ぼう

量を表す単位には，ほかに次のようなものがあります。

deka デカ	1 dekaは10グラムです。 tíz deka 100グラム　húsz deka 200グラム
darab ダラブ	「〜個」を表します。
liter / deci リテル　デツィ	リットル，デシリットル 1 deciは100mlです。

Húsz deka szalámit és harminc deka sajtot kérek.
フース　デカ　サラーミト　エーシュ　ハルミンツ　デカ　シャイトト　ケーレク
サラミ200グラムとチーズ300グラムください。

Tíz darab tojást kérek.　たまご10個ください。
ティーズ　ダラブ　トヤーシュト　ケーレク

Egy liter tejet kérek.　牛乳1リットルください。
エジ　リテル　テイェト　ケーレク

Két deci kólát kérek.　コーラ200mlください。
ケート　デツィ　コーラート　ケーレク

ハンガリー人のバカンス

ハンガリーでは，社会主義時代から夏の長期休暇は何よりの楽しみで，今日もそれに変わりありません。一家の大黒柱のお父さんでも，ふつう3週間くらいは夏休みがあります。日本人が「一週間くらい」と言うと，ハンガリー人は「えぇっ？！」と目をシロクロしてしまいます。人気の避暑地は国内ではバラトン湖で，多くの人が別荘をもっています。ちょっと余裕のある人は，車でアドリア海などにも出かけます。ただ，なるべくお金をかけないのがハンガリー流。割高なリゾート地では牛乳とパンだけ現地調達し，あとは大量の保存食を車に積んで出かけ，2週間でも3週間でものんびり楽しみます。

「〜を」の言い方と母音調和

「〜を」という目的語をつくるには，接尾辞 -t をつけることを見てきました。ここではもう少しくわしく見てみましょう。

母音で終わる語	a/u/o	i/e	ü/ö
-t	-ot	-et	-öt
rádiót ラジオを	ablakot 窓を	gépet 機械を	gyümölcsöt くだものを
teát 紅茶を	újságot 新聞を	kekszet クッキーを	bőröndöt トランクを

母音で終わる語には -t のみがつきます。語に a や u や o の音が含まれていれば -ot が，i や e の音であれば -et，ü や ö の音であれば -öt がつきます。このように，語中の母音の種類が決まっていて，それにより接尾辞が決まることを母音調和と呼びます。

▶ a/u/o の音を含む語のうち，いくつかは -ot ではなく -at がつきます。

házat 家を　halat 魚を　tollat ペンを　ágyat ベッドを
ハーザト　　ハラト　　トッラト　　アージャト

▶ 多くの語は -t だけつきます（語末が -n, -ny, -j, -l, -ly, -r, -s, -sz, -z, -zs など）。

pénzt お金を　buszt バスを　papírt 紙を　rizst 米を
ペーンズト　　ブスト　　パピールト　　リシュト

▶ 長かった母音が短くなることもあります。

kenyér パン　→　kenyeret パンを
ケニエール　　　　ケニエレト

▶ 母音が脱落する場合があります。

három 3つ　→　hármat 3つを
ハーロム　　　　ハールマト

cukor 砂糖　→　cukrot 砂糖を
ツコル　　　　　ツクロト

特産のサラミソーセージ▶

6 日本人なの？
Önök japánok?

ハナコ一家は出がけに隣のおばさんに出会います。

Néni	**Jó napot kívánok! Önök japánok?**
	ヨー ナポト キヴァーノク エネク ヤパーノク
Hanako	**Igen. Én Hanako vagyok. Ez a fiam, Dai. Óvodás.**
	イゲン エーン ハナコ ヴァジョク エズ ア フィアム ダイ オーヴォダーシュ
Néni	**Jaj, de aranyos! Ön itt dolgozik?**
	ヤイ デ アラニョシュ エン イット ドルゴズィク
Hanako	**Igen. Japánt tanítok.**
	イゲン ヤパーント タニートク
Néni	**De jó! És ő?**
	デ ヨー エーシュ エー
Hanako	**Ő Tomoo, a férjem.**
	エー トモオ ア フェーリエム
	Újságíró.
	ウーイシャーギィーロー

おばさん　こんにちは。日本人ですか？
ハナコ　　ええ。ハナコです。これは息子のダイ。幼稚園に行っています。
おばさん　まあ，かわいい！あなたはここで働いているの？
ハナコ　　ええ。日本語を教えています。
おばさん　いいわねえ。あの人は？
ハナコ　　夫のトモオです。ジャーナリストです。

Önök japánok?
エネク　ヤパーノク

あなたたちは日本人ですか？

önök はあらたまった呼びかけ ön の複数形です。japán（日本人）も複数形で japánok となります。複数形の接尾辞は次のようになります。

母音で終わる語	-k	autó（車）	⇒ autó**k**
a/u/o	-ok	ablak（窓）	⇒ ablak**ok**
i/e	-ek	térkép（地図）	⇒ térkép**ek**
ü/ö	-ök	bőrönd（トランク）	⇒ bőrönd**ök**

詳しくは，文法編117ページを参照してください。

Jaj, de aranyos!
ヤイ　デ　アラニョシュ

まあ，かわいい！

Jaj, de ...!　まあ，…ですね！
感嘆の気持ちを表します。…の部分にいろいろな形容詞を入れることができます。

Jaj, de jó!　いいですね！
De jó! のように jaj がなくても，やはり感嘆の気持ちを表します。

Ön itt dolgozik?
エン　イット　ドルゴズィク

あなたはここで働いているの？

itt は「ここで」，dolgozik は「働く」という意味です。

街中のおみやげ屋 ▶

職業をたずねる言い方

Mi a foglalkozása?
ミ ア フォグラルコザーシャ
ご職業は何ですか？

Hol dolgozik?
ホル ドルゴズィク
どこで働いていますか？

foglalkozás は「職業」の意味です。-a がついて，「あなたの職業」の意味です。

Külkereskedelmi vállalatnál dolgozom. 商社で働いています。
クルケレシュケデルミ ヴァーララトナール ドルゴゾム

Én még diák vagyok. 私はまだ学生です。
エーン メーグ ディアーク ヴァジョク

Nem dolgozom. Otthon vagyok. 働いていません。主婦（夫）です。
ネム ドルゴゾム オトホン ヴァジョク

külkereskedelmi は külkereskedelem（貿易）に「〜の」を表す -i がついたものです。vállalat（企業，会社）に -nál がついて「会社で」の意味になります。otthon は「家に」の意味で，文字通りには「家にいます」です。

人を紹介する言い方

Ez itt Tanaka úr.
エズ イット タナカ ウール
こちらは田中さんです。

Nagyon örülök.
ナジョン エルレク
はじめまして。

örül は「喜ぶ」，örülök で「私はうれしいです」の意味です。

Bemutatom a családomat. 家族を紹介します。
ベムタトム ア チャラードマト

bemutat は「紹介する」，családomat は család（家族）に -om（私の），-at（…を）がついた形です。

動詞の不定活用を学びましょう

ハンガリー語の動詞には，不定活用と定活用の2種類があります。ここではまず，不定活用を学びます。2つの活用の違いについては次の課で学びます。

				a/u/o tanul 勉強する	i/e beszél 話す	ü/ö örül 喜ぶ
単数	1	私	én	tanul**ok**	beszél**ek**	örül**ök**
	2	君	te	tanul**sz**	beszél**sz**	örül**sz**
	3	彼・彼女 (あなた)	ő ön, maga)	tanul	beszél	örül
複数	1	私たち	mi	tanul**unk**	beszél**ünk**	örül**ünk**
	2	君たち	ti	tanul**tok**	beszél**tek**	örül**tök**
	3	彼ら・彼女ら (あなたがた)	ők önök, maguk)	tanul**nak**	beszél**nek**	örül**nek**

-t (…を) を学んだときと同様，動詞も語中の母音の種類によって活用形が若干異なります。敬称 (ön, önök など) は3人称の活用をするので注意しましょう。辞書には3人称単数形が出ています。

▶ 語幹が -s, -sz, -z で終わる動詞では，te の時に語尾が **-ol, -el, -öl** になります。

olvas 読書する → olvas**ol** 君は読書をする
オルヴァシュ　　　　　オルヴァショル

néz 見る → néz**el** 君は見る
ネーズ　　　　　　　ネーゼル

főz 料理する → főz**öl** 君は料理する
フェーズ　　　　　　フェーゼル

▶ dolgozik など3人称単数が -ik で終わる動詞があります。これを **ik 動詞** と呼びます。én の時に語尾が **-om, -em, -öm**，te の時に **-ol, -el, -öl** (ik をとった語幹が -z で終わるため) になります。

(Én) sokat dolgoz**om**. 　　たくさん働いています。
エーン　ショカト　ドルゴゾム

Te tanulsz vagy dolgoz**ol**? 　君は学生，それとも仕事してるの？
テ　タヌルス　ヴァジ　ドルゴゾル

7 チョコケーキ好き？
Szereted a csoki tortát?

幼稚園ではおやつの時間です。

Sári **Tudsz magyarul?**
　　　トゥツ　　マジャルル

Dai **Igen. Egy kicsit.**
　　　イゲン　エチ　キチト

Sári **Szereted a csoki tortát?**
　　　セレテド　ア　チョキ　トルタート

Dai **Igen. Egy kicsit.**
　　　イゲン　エチ　キチト

Sári **Keveset beszélsz, de sokat eszel!**
　　　ケヴェシェト　ベセールス　デ　ショカト　エセル

シャーリ　ハンガリー語できる？
　　ダイ　うん。ちょっとね。
シャーリ　チョコケーキ好き？
　　ダイ　うん。ちょっとね。
シャーリ　あまりしゃべらないけど，よく食べるのね。

Tudsz magyarul?	ハンガリー語ができますか？
トゥツ　マジャルル	

tudsz は tud（～することができる）の te の活用形です。magyarul は -ul がつくことで，「ハンガリー語で」という意味になります。さまざまな言語名に -ul（または -ül）をつけることで，「…語ができます（か？）」ということができます。

Egy kicsit.	少し。
エチ　キチト	

kicsi（小さい）に -t がついて，「少し（…する）」という意味になります。
　　Egy kicsit beszélek.　少し話します。

Szereted a ...t?	…は好きですか？
セレテド　ア	

あるものが好きかどうかをたずねる場合，動詞は定活用をします。定活用とは，目的語が定まったものの場合に使われる動詞の活用です。その際，ものの名前の前には定冠詞 a（母音の前では az）がつきます。あらたまった関係では，Szereti a ...t? となります。

keveset / sokat	少し／たくさん
ケヴェシェト　ショカト	

それぞれ kevés（少ない），sok（多い）に t がついて目的語になった形です。「少ししか…しない」「たくさん…する」の意味になります。

ホルトバージ ▶

…語はできますか？

Beszél magyarul? ハンガリー語は話しますか？
ベセール　マジャルル

Igen, de nem túl jól. はい，でもあまりうまくありません。
イゲン　デ　ネム　トゥール　ヨール

Sajnos még nem tudok jól. 残念ながら，まだうまくできません。
シャイノシュ　メーグ　ネム　トゥドク　ヨール

Beszél ...? も Tud ...? も話せるかどうかをたずねる言い方です。言語名につく -ul か -ül の選択は，語中の母音が a/u/o なら -ul，i/e/ü/ö なら -ül になります。német（ドイツ語）なら -ül，angol（英語）なら -ul がつきます。

Tudsz németül? ドイツ語は話しますか？
トゥッツ　ネーメトゥル

Angolul jobban tudok. 英語のほうができます。
アンゴルル　ヨッバン　トゥドク

Alig tudok angolul. 英語はほとんどできません。
アリグ　トゥドク　アンゴルル

jobban は jól の比較級で「より上手に」の意味です。alig は「ほとんど…しない」という否定的な意味をもっています。

▶量を表すことば

Rengeteget　めちゃくちゃいっぱい
レンゲテゲト

(Nagyon) sokat　(とても) たくさん
ナジョン　ショカト

Keveset　少しだけ
ケヴェシェト

Kicsit　ちょっと
キチト

Alig　ほとんど〜しない
アリグ

Egyáltalán nem　まったく〜しない
エジアールタラーン　ネム

dolgozom.　働きます。
ドルゴゾム

tanulok.　勉強します。
タヌロク

eszem.　食べます。
エセム

eszik（食べる）は ik 動詞なので én では eszem となります。

「〜は好きですか？」── 動詞の定活用

ここで動詞のもう一つの活用である定活用を学びます。定活用は「これ！」という特定の目的語をもつ場合に使います。「〜が好き」という言い方では，特定の範疇をさすとみなされ，定活用が使われます。その時，定冠詞 a（または az）もつきます。

				a/u/o tanul 勉強する	i/e szeret 好きである	ü/ö küld 送る
単	1	私	én	tanul**om**	szeret**em**	küld**öm**
	2	君	te	tanul**od**	szeret**ed**	küld**öd**
	3	彼・彼女	ő	tanul**ja**	szeret**i**	küld**i**
数		（あなた）	ön, maga			
複	1	私たち	mi	tanul**juk**	szeret**jük**	küld**jük**
	2	君たち	ti	tanul**játok**	szeret**itek**	küld**itek**
	3	彼ら・彼女ら	ők	tanul**ják**	szeret**ik**	küld**ik**
数		（あなたがた）	önök, maguk			

Szereti a bort?　　　　　ワインはお好きですか？
セレティ　ア　ボルト

Igen. Nagyon **szeretem**.　　ええ。大好きです。
イゲン　ナジョン　セレテム

人の名前や目の前にある具体的なもの，一度話題に出てわかっていることなどが特定の目的語となりますが，「特定・不特定」などと言っても，なかなかその判断はむずかしいものです。間違えても十分通じますから，思いきってどんどん使ってみましょう。

8 どこに住んでいるの？
Hol laknak?

トモオは幼稚園のお迎えでシャーリの母マールタと知り合います。

Márta　**Hol laknak?**
　　　　　ホル　ラクナク

Tomoo　**Az Orgona utcában.**
　　　　　アズ　オルゴナ　ウッツァーバン

Márta　**Tudom, hol van.　Közel van.**
　　　　　トゥドム　ホル　ヴァン　ケゼル　ヴァン

Tomoo　**Maguk messze laknak?　Busszal járnak?**
　　　　　マグク　メッセ　ラクナク　ブッサル　ヤールナク

Márta　**Nem, mi is közel lakunk.　Az óvoda mellett,**
　　　　　ネム　ミ　イシュ　ケゼル　ラクンク　アズ　オーヴォダ　メッレット

　　　　　a Mandula utcában.
　　　　　ア　マンドゥラ　ウッツァーバン

```
マールタ　どこにお住まいなの？
トモオ　　ライラック通りです。
マールタ　どこだか知ってるわ。近いわね。
トモオ　　遠くにお住まいですか？バス通園ですか？
マールタ　いいえ，私たちも近いわ。幼稚園の隣，アーモンド通りよ。
```

Hol laknak?	どこにお住まいですか？
ホル　ラクナク	

hol は「どこに」、laknak は lakik（住む）の önök (maguk) の場合の変化です。一人 (ön, maga) なら

　　Hol lakik?

te なら

　　Hol laksz?

となります。

Tudom, hol van.	どこだか知っています。
トゥドム　ホル　ヴァン	

tud には「できる」以外に「知っている」という意味があります。tudom で「私は知っている」（定活用）となります。

Busszal járnak?	バスで通っているのですか？
ブッサル　ヤールナク	

busz（バス）は busszal で「バスで」という意味になります。jár は「通う」の意味です。

az óvoda mellett	幼稚園の隣に
アズ　オーヴォダ　メッレット	

óvoda は「幼稚園」、mellett は「〜の隣に、横に」の意味です。日本語と同じ語順で、ものの後ろにつきます。前置詞に対して、これを後置詞と呼びます。

いろいろな後置詞を覚えよう！

... előtt	…の前に	... mögött	…の後ろに	... alatt	…の下に
エレート		メゲット		アラット	
... fölött	…の上に	... között	…のあいだに		
フェレット		ケゼット			

「どこに住んでいるの？」「何で通っているの？」

Hol laksz? ホル　ラクス	どこに住んでいるの？
Pesten lakom. ペシュテン　ラコム	ペシュトです。

lakik（住む）は ik 動詞で，én lak**om**, te lak**sz** となります。Pest はブダペストのペスト側（ドナウ川の東側）です（ただし，ブダペスト市全体をさす場合もあります）。-en は「～で」を表します。

Hol laknak a szüleid? ホル　ラクナク　ア　スレイド	ご両親はどこに住んでいるの？
(Ők) Japánban laknak. エーク　ヤパーンバン　ラクナク	日本に住んでいます。

Japán についている -ban も「～で」の意味です。

Mivel jár? ミヴェル　ヤール	何で通っているの？
Metróval. メトローヴァル	地下鉄です

-val（a/u/o のとき）や -vel（i/e/ü/ö のとき）は「…を使って」という手段を表す接尾辞です。

  mi 何　+ -vel   → mi**vel**　何で
  metró 地下鉄　+ -val → metró**val**　地下鉄で

 ▶ -val, -vel の v は語の最後の子音に同化する性質をもっています。

   villamos 市電　+ -val → villamos**sal**　市電で
   busz バス　+ -val → bus**szal**　バスで
           （つづりに注意！　szsz → ssz）
   kanál スプーン　+ -val → kanál**lal**　スプーンで

「どこにありますか？」——場所を表す接尾辞

「どこそこで」を表す方法はいろいろあります。今までも，すでに Pesten（ペシュトで），Japánban（日本で），vállalatnál（会社で）などを見てきました。
これらの場所を表す接尾辞は，大きく分けて3つあります。

1. -ban, -ben　　　…の中で
2. -on, -en, -ön, -n　…の上で
3. -nál, -nél　　　…のそばで

それぞれ2種類もしくはそれ以上あるのは，語中の母音の種類によって選ぶから（母音調和）だということは，もうおわかりですね？
では1.から3.のうち，いつ，どの接尾辞を選べばいいのでしょう？

A cica　a kosár**ban**　　a kosár**on**　　a kosár**nál**　van.
ア ツィツァ　ア コシャールバン　ア コシャーロン　ア コシャールナール　ヴァン
子猫は　　　かごの中に　　　かごの上に　　　かごの横に　　　います。

上の例では，子猫のいる位置がそのまま接尾辞に表されます。
しかし，語によってはどの接尾辞をとるかが決まっているものもあります。

1. -ban, -benをとる語	iskolá**ban** 学校で イシュコラーバン	szobá**ban** 部屋で ソバーバン
2. -on, -en, -ön, -nをとる語	egyeteme**n** 大学で エジェテメン	postá**n** 郵便局で ポシュターン
3. -nál, -nélをとる語	vállalat**nál** 会社で ヴァーララトナール	cég**nél** 企業で ツェーグネール

9

タクシーお願いします
Szeretnék egy taxit az Orgona utcába.

幼稚園の帰り，ダイは急におなかが痛くなります。帰宅後，あわてて病院へ向かいます。

Tomoo **Halló. Jó napot kívánok!**
ハッロー　ヨー　ナポト　キヴァーノク

Szeretnék egy taxit az Orgona utcába.
セレトネーク　エジ　タクスィト　アズ　オルゴナ　ウッツァーバ

Nő **Kérem a pontos címét és telefonszámát.**
ケーレム　ア　ポントシュ　ツィーメート　エーシュ　テレフォンサーマート

Tomoo **Orgona utca 3(három). A telefonszám 316-5709**
オルゴナ　ウッツァ　ハーロム　ア　テレフォンサーム

(három-tizenhat, ötvenhét, nulla-kilenc).
ハーロムティゼンハト　エトヴェンヘート　ヌッラキレンツ

Nő **Tíz perc múlva ott lesz.**
ティーズ　ペルツ　ムールヴァ　オット　レス

Tomoo **Köszönöm. Viszonthallásra!**
ケセネム　ヴィソントハッラーシュラ

トモオ　もしもし。こんにちは。ライラック通りにタクシーお願いします。
女性　住所と電話番号を正確にお願いします。
トモオ　ライラック通り3番。電話番号は316-5709.
女性　10分後に参ります。
トモオ　ありがとう。さようなら。

| Halló. | もしもし。 |

電話で話すとき使います。少ししり上がりのイントネーションで言いましょう。

| Szeretnék egy taxit. | タクシーをお願いします。 |
| セレトネーク　エジ　タクスィト | |

szeretnék はていねいな言い方で「〜したい」を表します。

| tíz perc múlva | 10分後に |
| ティーズ　ペルツ　ムールヴァ | |

perc は「分」。múlva は「〜のちに」という意味。mellett（…の横に）などと同じ後置詞の仲間で，後ろにつけます。

| Viszonthallásra. | さようなら |
| ヴィソントハッラーシュラ | |

会って別れる時に Viszontlátásra! を使うのに対して，電話で別れを言う時に使います。直訳すると，Viszontlátásra! が「また会う時まで」なのに対して，「また聞く時まで」となります。

ハンガリーのタクシー

ハンガリーでは，駅前や通りで拾うタクシーに白タクが多く見られます。改造したタクシーメーターをとりつけ，みるみるうちに料金が上がり，法外な額を請求されます。会話のように，自宅から，あるいは通りでもタクシー会社に電話をしてタクシーを呼ぶのが安全です。タクシーの数は多く，夜遅くてもすぐ来ます。間違って白タクに乗ってしまった時は，勇気を出してすぐ降りるようにしましょう。

電話でよく使う表現を学びましょう

Halló. Kovács urat keresem. もしもし。コヴァーチさんお願いします。
ハッロー　コヴァーチ　ウラト　ケレシェム

Mindjárt adom. 少々お待ちください。
ミンジャールト　アドム

urat は úr (…さん) に -t (…を) がついた形です。keres は「探す」の意味で、「…さんを探しています」という言い方です。ad は「与える」の意で、「すぐに (当人を) 与えます」ということです。どちらも特定の目的語をもつわけですから、定活用となります。

Ki keresi? どなたですか？
キ　ケレシ

Jamada Josio vagyok. こちら山田ヨシオです。
ヤマダ　　ヨシオ　　ヴァジョク

Ki keresi? はことば通りには「誰が (その人を) 探しているのですか？」ですが、「どなたですか？」という意味になります。

Sajnos nincs itthon. あいにく、不在です。
シャイノシュ　ニンチュ　イトホン

Kérem, hívja vissza este. 夜かけてください。
ケーレム　　ヒーヴャ　ヴィッサ　エシュテ

itthon とよく似たことばに otthon があります。どちらも「家に」の意味ですが、自分が家にいながら言うときは itthon、外で言うときは otthon と使い分けます。visszahív は「かけなおす」、hívja vissza で「かけなおしてください」の意味です。

どこへ行きますか？——「～へ」を表す接尾辞

「…へ」を表すには3種類の接尾辞があります。「…で」(49ページ) のときの 1. から 3. を思い出してください。それに対応する形で，以下の3つがあります。

1. -ba, -be 　　　　…の中へ
2. -ra, -re 　　　　…の上へ
3. -hoz, -hez, -höz 　…のそばへ

Hova mész? 　　　　　　どこに行くの？
ホヴァ　メース

Iskolá**ba** megyek. 　　　学校へ行きます。
イシュコラーバ　メジェク

Egyetem**re** megyek. 　　大学へ行きます。
エジェテムレ　　メジェク

A tanárnő**höz** megyek. 　先生のところに行きます。
ア　タナールネーヘズ　メジェク

なお，「人のところへ」という場合は，3. -hoz, -hez, -höz を使います。

電話番号の言い方

現在ハンガリー（ブダペスト）の電話番号は7桁ですが，これをふつう3桁と4桁に分けて表示します。番号を読むときは，最初の3桁，次に2桁と2桁に分けて読むのが一般的です。

例　159-2380　Százötvenkilenc, huszonhárom, nyolcvan.
　　　　　　　サーズエトヴェンキレンツ　　フソンハーロム　　ニョルツヴァン

ただ，最初の桁が1より大きい場合，száz は省略することが多いです。

例　385-0795　Három-nyolcvanöt, nulla-hét, kilencvenöt.
　　　　　　　ハーロム　ニョルツヴァンエト　ヌッラ　ヘート　キレンツヴェンエト

10 おなかが痛いの
Nagyon fáj a hasam.

病院で

Orvos	**Tessék! Mi a panaszod?**
	テッシェーク ミ ア パナソド
Dai	**Nagyon fáj a hasam.**
	ナジョン ファーイ ア ハシャム
Orvos	**Van lázad?**
	ヴァン ラーザド
Dai	**Azt hiszem, nincs. De hasmenésem van.**
	アスト ヒセム ニンチュ デ ハシュメネーシェム ヴァン
Orvos	**Hmmm.... talán túl sok cseresznyét ettél.**
	フム ターラン トゥール ショク チェレスニェート エッテール
	Egész piros a nyelved.
	エゲース ピロシュ ア ニェルヴェド

医者　どうぞ！どうしたかな？
ダイ　おなかがすごく痛いの。
医者　熱はあるかね？
ダイ　ないと思います。でもおなかをこわしてるの。
医者　ふーむ，たぶんさくらんぼを食べ過ぎたね。舌が真っ赤だよ。

Mi a panaszod?	どうしたかな？
ミ ア　　パナソド	

panasz は「不平・苦情」といった意味です。panaszod で「君の苦情」となりますが，「どうしましたか？」という表現です。子どもが相手なので，te で呼んでいるわけですが，大人の場合は ön で呼びます。

　　Mi a panasza?　どうしたんですか？

Nagyon fáj a hasam.	おなかがとても痛いです。
ナジョン　ファーイ ア ハシャム	

fáj は「痛む」という意味で，痛い部分が主語になります。ここでは hasam「私のおなか」(has は「おなか」) が主語で，「私はおなかが痛い」ということになります。

Van lázad?	熱はあるかな？
ヴァン　ラーザド	

lázad は「君の熱」(láz は「熱」)，van は「ある」です。
あらたまった相手には

　　Van láza?　熱はありますか？

熱があれば Igen, van. なければ Nincs. と答えます。

Azt hiszem, nincs.	ないと思います。
アスト　ヒセム　　ニンチュ	

Azt hiszem, ... で，「私は…と思います」という意味になります。

グヤーシュスープ ▶

55

病気に関する表現を学びましょう

Már jobban vagy?
マール　ヨッバン　ヴァジ
もう良くなった？

Nem. Még rosszul vagyok.
ネム　メーグ　ロッスル　ヴァジョク
いいえ。まだ具合が悪いです。

jól の比較級 jobban を使った表現で「以前よりましになった」という表現です。調子の良くないときは，rossz（悪い）の副詞形 rosszul（悪く）を使います。

Megfáztál?
メクファースタール
風邪をひいたの？

Igen. Megfáztam.
イゲン　メクファースタム
ええ。風邪をひきました。

Meg vagyok fázva.
メグ　ヴァジョク　ファーズヴァ
風邪をひいています。

megfázik は「風邪をひく」という動詞です。Meg vagyok fázva. は「風邪をひいている」という状態を表す表現です。

Kórházban van.
コールハーズバン　ヴァン
（彼は）入院しています。

Meghalt.
メクハルト
（彼は）死にました。

kórház は「病院」の意味で，「病院の中にいる＝入院している」という意味です。meghal は「死ぬ」の意味です。

体の部位を覚えて，「〜が痛い」と言ってみましょう

ここに示した語は，みな「私の…」という接尾辞がついています。
（太字部分が「私の」）Fáj a … . で，「私は…が痛い」となります。

Fáj a … .　　私は…が痛い。

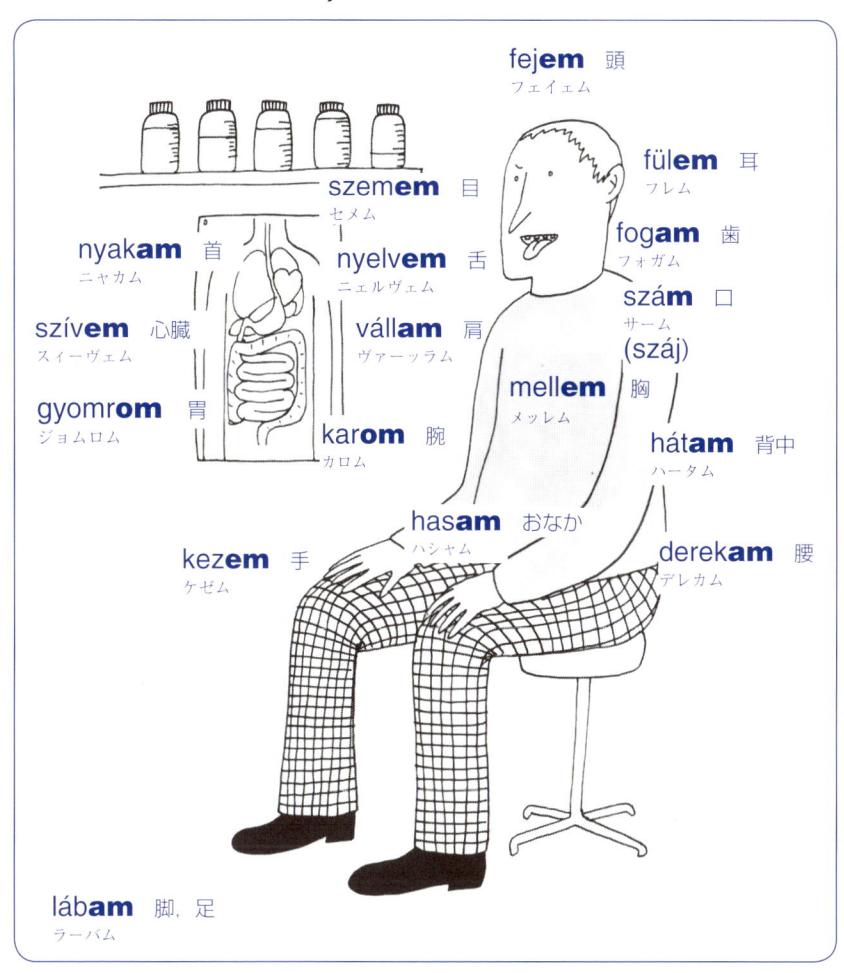

- fej**em** 頭　フェイェム
- fül**em** 耳　フレム
- szem**em** 目　セメム
- fog**am** 歯　フォガム
- nyak**am** 首　ニャカム
- nyelv**em** 舌　ニェルヴェム
- szám 口　サーム
- (száj)
- szív**em** 心臓　スィーヴェム
- váll**am** 肩　ヴァーッラム
- gyomr**om** 胃　ジョムロム
- mell**em** 胸　メッレム
- kar**om** 腕　カロム
- hát**am** 背中　ハータム
- has**am** おなか　ハシャム
- kez**em** 手　ケゼム
- derek**am** 腰　デレカム
- láb**am** 脚, 足　ラーバム

11 何を見たいの？
Mit akarsz megnézni?

授業が終わるとさっそくベンツェはハナコに話しかけます

Bence **Holnap jössz velem moziba?**
ホルナプ　イェス　ヴェレム　モズィバ

Hanako **Mit akarsz megnézni?**
ミト　アカルス　メグネーズニ

Bence **Egy új magyar filmet. Nagyon érdekes.**
エジ　ウーイ　マジャル　フィルメト　ナジョン　エールデケシュ

Hanako **Szívesen elmegyek veled. Hol és mikor találkozunk?**
スィーヴェシェン　エルメジェク　ヴェレド　ホル　エーシュ　ミコル　タラールコズンク

Bence **Este fél hétkor a mozi előtt, jó?**
エシュテ　フェール　ヘートコル　ア　モズィ　エレート　ヨー

ベンツェ　明日僕と映画に行かない？
ハナコ　何を見たいの？
ベンツェ　新しいハンガリー映画。とてもおもしろいよ。
ハナコ　喜んで一緒に行くわ。どこで何時に会うの？
ベンツェ　夕方6時半に映画館の前で。いい？

Mit akarsz megnézni? 何を見たいの？
ミト　アカルス　メグネーズニ

akar は「～したい」の意味です。動詞は -ni の形で終わる不定形になります。ここでは megnéz (見る) に -ni がついて akar megnézni (見たい) となります。meg は完了を表す接頭辞で，映画は最後まで見ることを前提とするので用います。

Szívesen elmegyek veled. 喜んで一緒に行くわ。
スィーヴェシェン　エルメジェク　ヴェレド

szívesen はここでは「どういたしまして」ではなく，「喜んで」という意味です。elmegy は megy (行く) に接頭辞 el がついて，「出かける」という意味合いになります。veled は -vel (…と一緒に) に語尾 -ed がついて，「君と一緒に」の意味です。

Hol és mikor találkozunk? いつ，どこで会う？
ホル　エーシュ　ミコル　タラールコズンク

hol は「どこ」，mikor は「いつ」。találkozik (会う) は mi (私たち) の変化で találkozunk となります。

Este fél hétkor a mozi előtt, jó? 夕方6時半に映画館の前で。
エシュテ　フェール　ヘートコル　ア　モズィ　エレート　ヨー

este は「晩」，fél は「半分」の意味ですが，fél hét で「半分の7時＝6時半」を表します。7時半ではないので，くれぐれも気をつけましょう。
-kor がついて fél hétkor で「6時半に」となります。

国立オペラ座 ▶

誘う表現を学びましょう

Ráérsz?
ラーエールス
ひまですか？

Sajnos most sietek.
シャイノシュ モシュト シエテク
悪いけど，今急いでいます。

ráér は「ひまである」という動詞です。siet は「急ぐ」の意味です。

Van egy kis ideje?
ヴァン エチ キシュ イデイェ
ちょっとお時間ありますか？

Igen. Parancsoljon.
イゲン パランチョイヨン
ええ。どうぞ。

ideje は idő（時間）に「あなたの…」がついた変化です。te で呼ぶ相手だと，

Van egy kis időd?
ヴァン エジ キシュ イデード

となります。parancsoljon は parancsol（注文する）の命令形です。
飲食店では

Mit parancsol? 何になさいますか？
ミト パランチョル

の意味で使われます。

「～したい」の表現

Akarsz inni valamit?
アカルス インニ ヴァラミト
何か飲みたい？

Szeretnék enni valamit.
セレトネーク エンニ ヴァラミト
何か食べたいです。

akar も szeret の仮定形 szeretne も不定詞 -ni を伴って，「…したい」の意味になります。ただ「私は…したい」という場合，akarok より szeretnék を使うほうが，よりていねいな表現となります。inni は iszik（飲む）の，enni は eszik（食べる）の不定形です。

時刻の言い方

Mennyi az idő? / Hány óra van? メンニ アズ イデー ハーニ オーラ ヴァン	何時ですか？
Három óra van. ハーロム オーラ ヴァン	3時です。
Két óra van. (Kettő van.) ケート オーラ ヴァン ケッテー ヴァン	2時です。

「…時です」と言うときは，動詞 van を伴います。óra（時）は省略できますが，その場合 két óra（2時）は kettő になります。

Mikor indul a vonat? ミコル インドゥル ア ヴォナト	列車はいつ出発しますか？
Két óra tíz perckor. (Kettő tízkor.) ケート オーラ ティーズ ペルツコル ケッテー ティーズコル	2時10分です。

「…時に」という場合は接尾辞 -kor がつきます。perc は「分」です。

▶ほかの表現

「…分」という言い方はふつうあまり好まれず（正確さを追求する場合は別ですが），会話ではむしろ「15分」を表す negyed を使った表現をよく使います。

negyed hat ネジェド ハト	5時15分
fél hat フェール ハト	5時半
háromnegyed hat ハーロムネジェド ハト	5時45分

negyed は「15分」，háromnegyed は「15分が3つ」で 45 分のことです。いずれも fél（半分）と同様，次のぴったりの時刻（6時）がうしろにつきます。5時15分と言うのに negyed öt と言うと，1時間早くなってしまうので，注意しましょう。

12 遅れてごめんなさい
Ne haragudj, hogy késtem.

Hanako **Ne haragudj, hogy késtem. Régóta vársz?**
ネ　ハラグジ　ホジ　ケーシュテム　レーグオータ　ヴァールス

Bence **Nem. Én is most jövök a munkahelyemről.**
ネム　エーン　イシュ　モシュト　イュヴェク　ア　ムンカヘイェムレール

Hanako **Én meg egyenesen a könyvtárból jövök.**
エーン　メグ　エジェネシェン　ア　ケニフタールボール　イェヴェク

Nem vagy éhes?
ネム　ヴァジ　エーヘシュ

Bence **De igen. Meg szomjas is vagyok. Veszünk egy**
デ　イゲン　メグ　ソミヤシュ　イシュ　ヴァジョク　ヴェスンク　エジ

hamburgert és egy üdítőt?
ハンブルゲルト　エーシュ　エジ　ウディーテート

　　ハナコ　　遅れてごめんなさい。だいぶ待った？
　ベンツェ　　いや。僕も今職場から来たところさ。
　　ハナコ　　私は図書館からまっすぐ来たの。おなかすいてない？
　ベンツェ　　うん。のどもかわいたし。
　　　　　　　ハンバーガーと飲み物を買おうか。

Ne haragudj, hogy ... .
ネ　　ハラグジ　　ホジ

…してごめんなさい。

haragudj は haragszik (怒る) の命令形 (te に対する) で，否定文には ne がつきます。「hogy 以下のことを怒らないでください」というわけです。

Régóta vársz?
レーグオータ　ヴァールス

だいぶ待った？

régóta は「古くから，昔から」などの意味です。vár は「待つ」です。

De igen.
デ　イゲン

そうです。

相手が Nem ...? (…ではないですか？) と否定文でたずねた場合，肯定する時には igen の前に de がつきます。igen なしで De. とだけ答えてもかまいません。

Meg szomjas is vagyok.
メグ　ソミヤシュ　イシュ　ヴァジョク

のどもかわきました。。

meg は és と同じように「それに」の意味です。szomjas は「のどがかわいた」，is は「～も」の意味です。

バラトン湖畔の
ティハニの修道院▶

「〜じゃない？」の質問に答えましょう。

Nem vagy fáradt? ネム ヴァジ ファーラット	疲れてない？
De. (=De igen.) デ デ イゲン	ええ。(疲れました) [肯定]
Dehogy nem! (=Hogyne!) デホジ ネム ホジネ	そりゃあもちろんです。[肯定]
Dehogy(is)! デホジイシュ	まさか！[否定]

否定で「〜ではないですか？」とたずねられると，ちょっと答えにテクニックが要ります。Dehogy nem! や Hogyne! は強い肯定，その反対に Dehogyis! は「まさか！」と相手の質問に対して強い否定を表します。

天気の言い方

Szép idő van. セープ イデー ヴァン	よい天気です。
Esik az eső. エシク アズ エシェー	雨が降っています。
Meleg van. メレグ ヴァン	暑い (暖かい) です。
Hideg van. ヒデグ ヴァン	寒いです。
Nincs hideg. ニンチュ ヒデク	寒くありません。

idő には「時間」と「天気」の2つの意味があります。meleg, hideg は後ろにものがつくと hideg ital (冷たい飲み物) などとなりますが，そのままで気候を指す場合，動詞 van を伴います。否定では van の否定形 nincs になります。

どこから来ましたか？——「～から」を表す接尾辞

「～で」「～へ」の2種類の接尾辞を学びましたが，これがラスト，3番目です。これで3×3＝9種類がみな出そろいました。

1．-ból, -ből	…の中から	
2．-ról, -ről	…の上から	
3．-tól, -től	…のところから	

Honnan jöttél?　　どこから来たの。
ホンナン イェッテール

Japánból.　日本から。
ヤパーンボール

Debrecenből.　デブレツェンから。
デブレツェンベール

A menzáról.　学食から。
ア メンザーロール

A hegyről.　山から。
ア ヘジレール

Az orvostól.　お医者さんのところから。
アズ オルヴォシュトール

相槌のうちかた

相手の話を聞くあいだ，Igen ... igen ... igen ... [イゲン イゲン イゲン]と何度でも繰り返し言ったり，了解したというニュアンスで Jó … jó … [ヨー ヨー]と繰り返したりします。「へえ！」と感心する時には

Nagyon jó. [ナジョン ヨー]　　いいねえ。
Nagyszerű! [ナチセルー]　　すごいね。
Fantasztikus! [ファンタスティクシュ]　　すばらしい！

などもよく言います。びっくりした時には

Istenem! [イシュテネム]　　私の神よ！
Jézus-Mária! [イェーズシュ マーリア]　　イエス・マリア！

などと言うのは，やはりキリスト教文化ならではですね。

13 音楽院にはどう行けばいいの？
Hogy kell a Zeneakadémiára menni?

Márta   **Volt már koncerten?**
ヴォルト マール コンツェルテン

Tomoo   **Sajnos még nem. Hol lehet jegyet venni?**
シャイノシュ メーグ ネム ホル レヘト イェジェト ヴェンニ

Márta   **Jegyirodákban. De a Zeneakadémián is lehet.**
イェジィロダークバン デ ア ゼネアカデーミアーン イシュ レヘト

Tomoo   **Hogy kell a Zeneakadémiára menni?**
ホジ ケル ア ゼネアカデーミアーラ メンニ

Márta   **Busszal elmegy a Nyugati pályaudvarig, ott át kell**
ブッサル エルメジ ア ニュガティ パーヤウドヴァリグ オット アート ケル

          szállni a villamosra.
サールニ ア ヴィッラモシュラ

マールタ　コンサートにはもう行ったの？
トモオ　残念ながら，まだ。どこで切符を買えるのですか？
マールタ　チケットオフィスよ。でも音楽院でも買えるわ。
トモオ　音楽院にはどう行ったらいいんですか？
マールタ　バスで西駅まで行って，そこで市電に乗り換えるのよ。

Volt már koncerten?
ヴォルト マール コンツェルテン

もうコンサートに行きましたか？

volt は van の過去形（敬称）で，文字通りには「…にいましたか？」となりますが，「行ったことがあるか」をたずねます。te で呼ぶ相手には，voltál となります。már は「もう，すでに」の意味です。

Sajnos még nem.
シャイノシュ メーグ ネム

残念ながら，まだです。

sajnos は「残念ながら」，még は már に対して「まだ」の意味です。

Hol lehet ...t venni?
ホル レヘト ヴェンニ

…はどこで買えますか？

lehet は「〜することができる」を表し，akar（〜したい）同様，不定形 -ni の形をとります。vesz（買う）は不定形が venni となり，lehet venni で「買うことができる」の意味になります。

Hogy kell menni?
ホジ ケル メンニ

どう行けばいいですか？

kell は「〜しなければならない」の意味で，これも不定形 -ni の形をとります。megy は menni となります。

át kell szállni
アート ケル サールニ

乗り換えないといけません

átszáll（乗り換える）の意味ですが，接頭辞 át と動詞 száll の間に kell（しなくてはならない）が入り込む形になっています。

リスト音楽院▶

「行ったことがありますか？」の表現を学びましょう

「…に行ったことがある」という言い方は，存在の動詞 van の過去形 volt を使って，「…にいたことがある」と表現します。場所を示す語には「…で」の接尾辞がつきます。

Volt már Magyarországon? ヴォルト　マール　マジャロルサーゴン	ハンガリーに行ったことはありますか？
Sajnos még nem. シャイノシュ　メーグ　ネム	残念ですが，まだです。
Először vagyok itt. エレーセル　ヴァジョク　イット	今回はじめてです。

először は「はじめて」の意味です。

Voltál már az Operában? ヴォルタール　マール　アズ　オペラーバン	オペラ劇場に行ったことはありますか？
Igen. Egyszer voltam. イゲン　エッツェル　ヴォルタム	はい。一度あります。
Már sokszor voltam. マール　ショクソル　ヴォルタム	もう何度もあります。

親しい間柄では Volt ... ? ではなく，Voltál ... ? とたずねます。 voltam は volt の én (私は) の時の活用形で，「私は行ったことがあります」の意味になります。

egyszer（一度）のように回数を表すには，接尾辞 -szor, -szer, -ször を使います。

kétszer 二度	háromszor 三度	
négyszer 四度	ötször 五度	など。

sokszor で「何度も」の意味です。

～できる，～しないといけない，～してください

lehet —ni	～できる
kell —ni	～しないといけない
tessék —ni	どうぞ～してください

これら3つの表現には動詞の不定形 -ni が用いられます。不定形は語幹に -ni をつけたものです。

kap　もらう	→ kap**ni**
vár　待つ	→ vár**ni**
vigyáz　気をつける	→ vigyáz**ni**

Hol **lehet** jegyet kap**ni**?
ホル　レヘト　イェジェト　カプニ
どこで券が手に入りますか？

Sok az ember. Vár**ni kell**.
ショク　アズ　エンベル　ヴァールニ　ケル
人が多いね。待たなくちゃ。

Tessék vigyáz**ni**!
テッシェーク　ヴィジャーズニ
気をつけてください！

Tessék —ni. の表現はとてもていねいな言い方で，ふつう te で呼ぶ関係では用いません。否定の文になるとそれぞれ次のように用います。

Oda nem lehet menni.
オダ　ネム　レヘト　メンニ
あそこへは行けません。（…できない）

Nem kell aggódni.
ネム　ケル　アゴードニ
心配しなくていいよ。（…しなくてよい）

Ne tessék viccelni!
ネ　テッシェーク　ヴィッツェルニ
冗談言わないでください。（…しないでください）

tessék の文の否定では ne を用いて，ne tessék -ni（…しないでください）となります。

14 夏はどうするの？
Mit csinálsz nyáron?

Bence　**Mit csinálsz nyáron? Mész valahova?**
　　　　　ミト　チナールス　ニャーロン　　メース　ヴァラホヴァ

Hanako　**Hát, még nem tudom. Nincs semmi tervem.**
　　　　　ハート　メーグ　ネム　トゥドム　ニンチュ　シェンミ　テルヴェム

Bence　**Figyelj! Van egy nyaralónk a Balatonon.**
　　　　　フィジェイ　ヴァン　エジ　ニャラローンク　ア　　バラトノン

　　　　　Nagyon szép hely. Nincs kedved eljönni?
　　　　　ナジョン　セープ　ヘイ　　ニンチュ　ケドヴェド　エルイェンニ

Hanako　**De van! Nagyon örülök!**
　　　　　デ　ヴァン　ナジョン　エルレク

Bence　**Én is nagyon örülök. Biztos tetszeni fog neked.**
　　　　　エーン　イシュ　ナジョン　エルレク　ビストシュ　テッツェニ　フォグ　ネケド

ベンツェ　夏はどうするの？どこかに行くの？
ハナコ　　さあ，まだわからない。何も予定はないわ。
ベンツェ　ねえ！僕たちバラトン湖に別荘があるんだ。
　　　　　とてもきれいなところだよ。来る気ない？
ハナコ　　ええ。とてもうれしいわ。
ベンツェ　僕もとてもうれしいよ。きっと気に入るよ。

Hát, még nem tudom.
ハート　メーグ　ネム　トゥドム

さあ，まだわかりません。

hát は「さあ，ええと」など考える時に使う表現で，相手の質問に答える前に大変よく用います。

Figyelj!
フィジェイ

ねえ！

figyelj は figyel（注意を向ける）の命令形で，「きいてよ，ねえ！」など，相手の関心を呼び起こすために使います。

Nincs kedved eljönni?
ニンチュ　ケドヴェド　エルイェンニ

来る気ありませんか？

kedv は「機嫌，やる気」などの意味です。不定形 -ni を伴って，

 Van kedved -ni? あなたは…する気がありますか？

 Nincs kedved -ni? あなたは…する気がありませんか？

という表現になります。
ön, maga で呼ぶ相手だと，Van/Nincs kedve -ni? となります。

Nagyon örülök.
ナジョン　エルレク

とてもうれしいです。

örül は「喜ぶ」の意味です。

Biztos tetszeni fog neked.
ビストシュ　テッツェニ　フォグ　ネケド

きっと気に入りますよ。

biztos は「絶対」と確信をもって何かを言う時に用います。未来を表す fog は，不定形を伴います。tetszeni は tetszik（気に入る）の不定形です。neked は「君にとって」の意味です。

「持っています」の言い方

「私は…を持っている」は，ハンガリー語では「（私には）私の…がある」という言い方をします。「私の…」はものの後ろに所有接尾辞をつけて表します（くわしくは文法編119～120ページを参照）。

	母音で終わる語 táska（かばん）	a/u/o család（家族）	i/e kert（庭）	ü/ö főnök（上司）
私の	táska**m**	család**om**	kert**em**	főnök**öm**
君の	táská**d**	család**od**	kert**ed**	főnök**öd**
彼の・彼女の あなたの	táká**ja**	család**ja**	kert**je**	főnök**e**
私たちの	táská**nk**	család**unk**	kert**ünk**	főnök**ünk**
君たちの	táská**tok**	család**otok**	kert**etek**	főnök**ötök**
彼ら・彼女らの あなた方の	táská**juk**	család**juk**	kert**jük**	főnök**ük**

「私には，あなたには」を表すには，接尾辞 -nak, -nek の人称変化形を使います。

  nekem（私には）　neked（君には）　neki（彼・彼女には）
  　önnek, magának（あなたには）
  nekünk（私たちには）　nektek（君たちには）　nekik（彼ら・彼女らには）
  　önöknek, maguknak（あなた方には）

となります。

  (Nekem) van egy kutyám.　　私には犬が一匹います。
  　ネケム　ヴァン　エジ　クチャーム

  Hány testvére van (önnek)?　　あなたには兄弟が何人いますか？
  　ハーニ　テシュトヴェーレ　ヴァン　エンネク

  (Neked) nincs barátnőd?　　君には彼女がいないの？
  　ネケド　ニンチュ　バラートネード

持っている時は存在の動詞 van を，持っていないという場合は否定形 nincs を使います。

季節の言い方・月の言い方

季節の名称

tavasz タヴァス	春	tavasszal タヴァッサル	春に
nyár ニャール	夏	nyáron ニャーロン	夏に
ősz エース	秋	ősszel エーッセル	秋に
tél テール	冬	télen テーレン	冬に

おもしろいことに，春と秋には接尾辞 -val, -vel が，夏と冬には接尾辞 -on, -en がつきます。-val, -vel の v の音は語末の sz に同化し，-szal, -szel になります。

月の名前

január(ban) ヤヌアール	1月（に）	július(ban) ユーリウシュ	7月（に）
február(ban) フェブルアール	2月（に）	augusztus(ban) アウグストゥシュ	8月（に）
március(ban) マールツィウシュ	3月（に）	szeptember(ben) セプテンベル	9月（に）
április(ban) アープリリシュ	4月（に）	október(ben) オクトーベル	10月（に）
május(ban) マーユシュ	5月（に）	november(ben) ノヴェンベル	11月（に）
június(ban) ユーニウシュ	6月（に）	december(ben) デツェンベル	12月（に）

月の名前はヨーロッパの諸言語に似ていて，覚えやすいですね。「…月に」という言い方では，接尾辞 -ban, -ben がつきます。

15 二等の禁煙席をお願いします
Nemdohányzó másodosztályra.

ハナコは鉄道の駅で切符を買います

Hanako **Két jegyet kérek a holnapi tíz negyvenötös**
ケート　イェジェト　ケーレク　ア　ホルナピ　ティーズ　ネジヴェンエテシュ

keszthelyi intercityre.
ケストヘイ　インテルスィティレ

Eladónő **Meddig utaznak?**
メッディグ　ウタズナク

Hanako **Balatonfüredig.**
バラトンフレディグ

Nemdohányzó másodosztályra.
ネムドハーニゾー　マーショドオスターイラ

Eladónő **Csak oda?**
チャク　オダ

Hanako **Nem, oda-vissza.**
ネム　オダ　ヴィッサ

ハナコ　　明日10時45分発のケストヘイ行きのインターシティの切符2枚ください。
切符売り　どこまでですか？
ハナコ　　バラトンフレドまで。二等の禁煙席をお願いします。
切符売り　片道ですか？
ハナコ　　いえ，往復です。

Két jegyet kérek a holnapi tíz negyvenötös keszthelyi intercityre.
ケート イェジェト ケーレク ア ホルナピ ティーズ ネジヴェンエテシュ ケストヘイ インテルスィティレ

明日10時45分発のケストヘイ行きのインターシティの切符2枚ください。

holnapi は holnap（明日）に i がついて「明日の」，keszthelyi も i がついて「ケストヘイ行きの」の意味です。tíz negyvenötös は「10時45分発の」の意味です。

Meddig utaznak?
メッディグ ウタズナク

どこまで行きますか？

meddig は「どこまで」の意味です。utaznak は utazik（旅する）の「あなた方」(önök, maguk) の形です。-ig は「…まで」を表し，Balatonfüredig で「バラトンフレドまで」となります。

Csak oda?
チャク オダ

片道ですか？

csak は「…だけ」の意味です。oda は「あちらへ」の意味ですが，ここでは「片道」のことです。

Nem, oda-vissza.
ネム オダ ヴィッサ

いいえ，往復です。

vissza は「戻って」の意味です。oda-vissza で「往復」になります。

▶ ヘーヴィーズの温泉湖

切符の買い方を学びましょう

外国では切符一つ手に入れるのに大変苦労するものです。食べ物などは，スーパーマーケットで会話の必要もなしに済まされることも増えましたが，切符となると，まだまだ自動化されていません。基本的な切符の買い方を覚えると，とても便利です。

Három jegyet kérek ハーロム イェジェト ケーレク	a földszintre. ア フェルツィントレ	1階席に3枚ください。
	a harmadik emeletre. ア ハルマディク エメレトレ	3階席に
	tizenötödikére. ティゼンエテディケーレ	15日（の公演）に
	a tizedik sorba. ア ティゼディク ショルバ	10列目に

日付や席の場所にはたいてい接尾辞 -ra, -re をつけます。ただし sor（列）には -ba がつきます。

映画館では座席が指定されることが多く，チケットを買う際に列を言って選びます。

Egymás mellé kérem. エジマーシュ メッレー ケーレム	隣どうしの席をください。
Jól lehet látni? ヨール レヘト ラートニ	よく見えますか？

egymás は「互いに」，mellé は「〜の横へ」の意味です。オペラ劇場の3階席など，位置によって見えるかどうかわからないときは，「よく見えますか？」ときくと答えてもらえます。

ハンガリー国内の地名

外国の地名はほぼすべて -ban, -ben をとりますが、ハンガリーの地名には -ban, -ben のものと -on, -en のものがあります。

Győr**ben** (Győr**ött**)
ジェール

Esztergom**ban**
エステルゴム

Miskolc**on**
ミシュコルツ

Debrecen**ben**
デブレツェン

Szentendr**én**
センテンドレ

Budapest**en**
ブダペシュト

Sopron**ban**
ショプロン

Kecskemét**en**
ケチケメート

Eger**ben**
エゲル

Hortobágy**on**
ホルトバージ

Szombathely**en**
ソンバトヘイ

Székesfehérvár**on** (Székesfehérvár**ott**)
セーケシュフェヘールヴァール

Szolnok**on**
ソルノク

Pécs**en** (Pécs**ett**)
ペーチ

Szeged**en**
セゲド

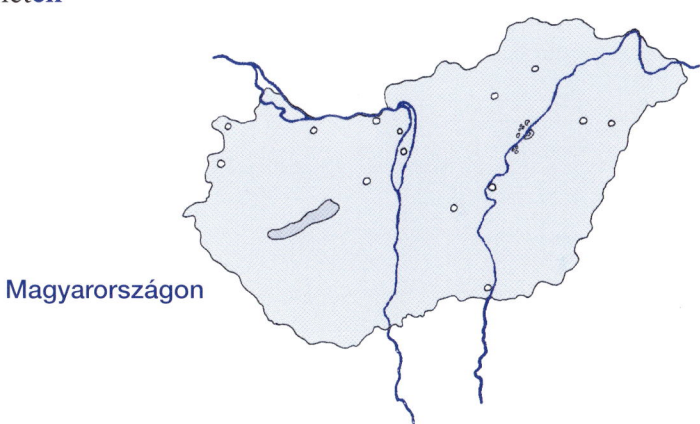

Magyarországon

なかには Győr や Pécs のように -ott, -ett, -ött をとるものもあります。このように、ハンガリー国内の地名の接尾辞は一つ一つどのタイプか覚えないといけないわけですが、小さな村の名前などになると、ハンガリー人でさえ接尾辞を知らない場合があります。その場合「あなたはどこに住んでいますか？」とたずねて、地元の人に言わせるなどという笑い話もあります。

16 来てくれてうれしいよ
Örülök, hogy eljöttetek.

ベンツェはバラトンフレド駅に出迎えにきます

Hanako Szia! Megjöttünk! Itt a férjem meg a fiam.
スィア　メグィエットゥンク イット ア フェーリエム　メグ ア フィアム

Bence Örülök, hogy eljöttetek. Hogy utaztatok?
エルレク　ホジ　エルイェッテテク　ホジ　ウタスタトク

Hanako Köszönjük, jól.
ケセニュク　ヨール

Dai De szép a Balaton!
デ セープ ア　バラトン

Bence Majd megyünk fürödni, jó?
マイド　メジュンク　フレドニ　ヨー

　　　　De először hozzánk megyünk.
デ エレーセル ホッザーンク　メジュンク

　　　　Valami meglepetés vár rád, Hanako.
ヴァラミ　メグレペテーシュ ヴァール ラード　ハナコ

ハナコ　　こんにちは！来たわよ！こちらが夫と息子。
ベンツェ　来てくれてうれしいよ。道中どうだった？
ハナコ　　ええ，おかげさまで。
ダイ　　　バラトン湖，きれいだね！
ベンツェ　あとで泳ぎに行くからね。でもその前に，うちにおいでよ。
　　　　　お楽しみが待ってるよ，ハナコ。

Megjöttünk!
メグイェットゥンク

着きました。

完了の接頭辞 meg が「やっと来た，到着した」という気持ちを表します。jöttünk は jön の過去形で「私たちは来た」です。

Örülök, hogy eljöttetek.
エルレク　ホジ　エルイェッテテク

来てくれてうれしいです。

Örülök, hogy ... で「…でうれしい」という意味です。hogy は以下の内容を örülök（うれしい）につなぐ役目をする語です。

Hogy utaztatok?
ホジ　ウタスタトク

道中はいかがでしたか？

「君たちはどのように旅行しましたか？」という意味です。列車・飛行機など何でも，道中の様子をたずねる言い方です。

Majd megyünk fürödni.
マイド　メジュンク　フレドニ

あとで泳ぎに行きましょう。

majd は「また，そのうち，あとで」などの意です。「…しに行く」という表現は，不定形 -ni を使います。fürödni megy で「泳ぎに行く」となります。

De először hozzánk megyünk.
デ　エレーセル　ホッザーンク　メジュンク

でも最初にうちに行くんだよ。

hozzánk は「…のところへ」を表す -hoz に「私たちの」という変化形がついた形で，「私たちのところへ」という意味です。接尾辞の多くには，このような人称変化形がつきます（文法編118～119ページ参照）。

動詞の過去形

過去形にも現在形と同じように不定活用と定活用の 2 種類があります。うれしいことは、過去形では「私は〜した」の場合、不定活用も定活用も同じ形になることです。どちらか悩まなくてすむわけです。ここでは、不定活用だけ紹介します。定活用の方は文法編（107〜108 ページ）でまとめて紹介します。

				a/u/o tanul 勉強する	i/e beszél 話す	ü/ö ül 座る
単	1	私	én	tanul**tam**	beszél**tem**	ül**tem**
	2	君	te	tanul**tál**	beszél**tél**	ül**tél**
	3	彼・彼女	ő	tanul**t**	beszél**t**	ül**t**
数		(あなた)	ön, maga			
複	1	私たち	mi	tanul**tunk**	beszél**tünk**	ül**tünk**
	2	君たち	ti	tanul**tatok**	beszél**tetek**	ül**tetek**
	3	彼ら・彼女ら	ők	tanul**tak**	beszél**tek**	ül**tek**
数		(あなたがた)	önök, maguk			

過去形は動詞の語幹に -t- がつき、それに人称語尾がつきますが、その際語幹にすぐ -t- がつく場合（上の表のように）と、間に -ott-, -ett, -ött などが入るタイプ、その混合タイプの3種類があります。それについても文法編（107〜108 ページ）にまとめてありますので、大いに役立ててください。

◀大平原の馬術ショー

郵便局で使う表現

Mennyibe kerül egy képeslap Japánba?
メンニベ　　ケルル　エジ　ケーペシュラプ　ヤパーンバ
日本まで葉書はいくらですか？

Három darab százforintos bélyeget kérek.
ハーロム　ダラブ　　サースフォリントシュ　ベーイェゲト　ケーレク
100フォリント切手3枚ください。

-forintos は「…フォリントの」の意味です。bélyeg は「切手」です。

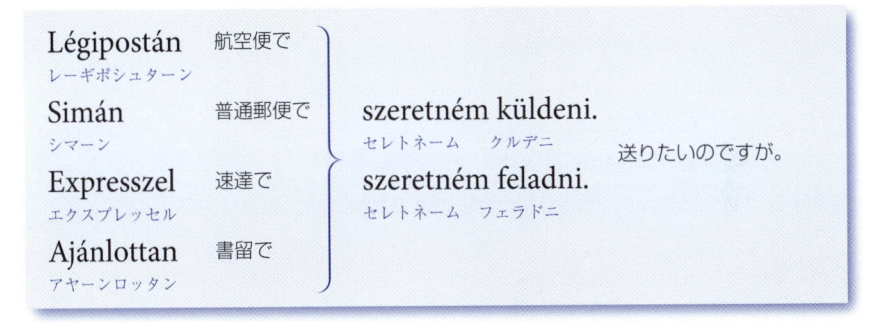

Légipostán レーギポシュターン	航空便で	**szeretném küldeni.** セレトネーム　クルデニ	送りたいのですが。
Simán シマーン	普通郵便で		
Expresszel エクスプレッセル	速達で	**szeretném feladni.** セレトネーム　フェラドニ	
Ajánlottan アヤーンロッタン	書留で		

légi は「航空の」の意味，sima は「普通の」の意味です。expressz（速達）に -vel をつけて「速達で」，ajánlottan は「書留で」の意味です。

Mi van benne?　中身は何ですか？
ミ　ヴァン　ベンネ

Levél van benne? —Nincs.　手紙は入っていますか？——いいえ。
レヴェール　ヴァン　ベンネ　　　ニンチュ

benne van で「入っている」という意味です。「入っていない」は nincs benne となります。benne は接尾辞 -ben の3人称単数所有形で，「その中に」の意味です。

17 名前の日おめでとう！
Boldog névnapot!

ハナコたちはベンツェの別荘に到着します

Bence	**Boldog névnapot!** ボルドグ　ネーヴナポト
Hanako	**Hogy hogy? Nekem is van névnapom?** ホジ　ホジ　ネケム　イシュ　ヴァン　ネーヴナポム
Bence	**Persze! Ma van Flóra napja, azaz japánul** ペルセ　マ　ヴァン　フローラ　ナピヤ　アズアズ　ヤパーヌル **Hanako, ugye?** ハナコ　ウジェ
Hanako	**Ez tényleg meglepetés.** エズ　テーニレグ　メグレペテーシュ
Tomoo és Márta	**És van még egy meglepetés. Mi már** エーシュ　ヴァン　メーグ　エジ　メグレペテーシュ　ミ　マール **ismerjük egymást!** イシュメリュク　エジマーシュト

　　ベンツェ　　名前の日おめでとう！
　　ハナコ　　　どういうこと？私にも名前の日があるの？
　　ベンツェ　　もちろんさ！今日はフローラの日。つまり日本語で花子だろう？
　　ハナコ　　　本当に驚きだわ。
トモオとマールタ　もうひとつ驚くことがあるわ。私たち知り合いよ。

Boldog névnapot!	名前の日おめでとう！
ボルドグ　　ネーヴナポト	

Boldog névnapot kívánok / kívánunk! で「名前の日おめでとう！」の意味です。

Hogy hogy?	どういうこと？
ホジ　ホジ	

相手の言う意味がまったく訳がわからない時にたずねる言い方です。

Persze!	もちろんです。
ペルセ	

このほかに，Természetesen! [テルミーセテシェン] (もちろんです) という言い方もあります。

azaz ...	つまり…
アズアズ	

「つまり，すなわち」などの意味で，何かについて，言い換えたり，説明する時に用います。

tényleg	本当に
テーニレグ	

Tényleg? とたずねると，「本当に？」と念を押す言い方になります。

Mi már ismerjük egymást!	私たちはもう知り合いです。
ミ　マール　イシュメリュク　エジマーシュト	

egymás (お互い) に -t がつき，egymást で「お互いを」の意味になります。この語が目的語であれば，動詞は定活用となります。
ismer (知っている) は一般的な tud (知っている) と違い，人・名前・本などの作品といった知識に関して使う語です。

「おめでとう」の言い方

Boldog születésnapot kívánok!
ボルドグ　スレテーシュナポト　キヴァーノク

お誕生日おめでとう！

születésnap は「誕生日」の意味で、略して szülinap とも言います。boldog は「幸福な」の意味です。

Kellemes karácsonyt!
ケッレメシュ　カラーチョニト

メリークリスマス！

Köszönöm, neked is!
ケセネム　ネケド イシュ

ありがとう。君にもね。

kellemes は「心地のよい、楽しい」、karácsony は「クリスマス」の意味です。neked は「…に」を表す -nek に te の語尾がついた形で、「君に」を表します。

Boldog új évet kívánok!
ボルドグ　ウーイ　エーヴェト　キヴァーノク

新年おめでとうございます。

Önnek is!
エンネク　イシュ

おめでとうございます

új（新しい）、év（年）で新年の意味です。相手のあいさつに返事を返す場合は、önnek is「あなたにも（幸福な新年を希望します）」と言います。

▶ パンノンハルマ修道院

カードの書き方

Kellemes karácsonyi ünnepeket és boldog Új Évet kívánok!
メリークリスマスそして新年おめでとうございます。

クリスマスとイースター

クリスマスはハンガリーでもっとも大切にされている行事です。12月になると，町はプレゼントグッズの出店やもみの木売りでにぎやかになります。ほとんどの家庭は毎年，生のもみの木を買って，ツリーにします。様々な飾りといっしょにカラフルなチョコレートボンボン（**szaloncukor** [サロンツコル]）で飾りつけ，木の下に家族へのプレゼントを並べます。ツリーは年明けまで飾った後，毎年大量のもみの木のゴミが発生するわけですが，近年は環境保護の観点から，根つきのもみの木を買って，あとで森に戻そうとする運動も盛んになってきました。24日は夕方から市内交通もみなストップするので，出かける時は注意が必要です。クリスマスの夕食は鯉料理が多く，パプリカ煮（**halászlé** [ハラースレー]）やフライにして食べます。

イースターになると，店にはチョコレートのうさぎや卵があふれますが，伝統的には卵を染めて模様を描きます。男の子は家族や友人の女性に香水をふりかけてまわります。美しい花に水をやるようにという意味ですが，昔は本当にバケツで井戸水をくんで，女の子たちをずぶぬれにして遊びました。お返しに女性は染めた卵をプレゼントします。クリスマスやイースターの古い習慣は，今でもルーマニアのトランシルヴァニア地方（**Erdély** [エルデーイ] と言います）ではたくさん見ることができます。

18 そのうちわかるわ
Majd meglátjuk.

シャーリはバラトン湖の砂浜で砂のケーキを作っています

Sári　**Gyere, Dai. Játsszunk! Ülj le ide!**

Dai　**Miért?**

Sári　**Mert csinálok neked tortát. Várj egy kicsit!**

Dai　**De én jobban szeretem a csoki tortát, mint a homokot.**

Sári　**Mindegy! Ha nagy leszek, csinálok azt is. Majd meglátjuk.**

シャーリ	おいで，ダイ。遊ぼう！ここに座って！
ダイ	どうして？
シャーリ	だって，あんたにケーキ作ってるの。ちょっと待ってて。
ダイ	でも僕は砂よりチョコのケーキが好きなんだけど。
シャーリ	どうでもいいの！大きくなったらそれも作るから。ま，そのうちわかるわ。

Ülj le ide!
ウイ　レ　イデ

ここに座って！

「座る」は leül ですが，接頭辞の le は命令形では分裂して後ろにまわり，Ülj le! となります。ide は「ここへ」という意味です。このように短い命令文には，よく csak を用いて Ülj csak le! とも言います。

Miért? Mert ...
ミエールト　メルト

なぜ？　なぜなら…

「なぜなら」の意味には，Azért, mert ... という長い形もよく使われます。

Várj egy kicsit!
ヴァーリィ　エチ　キチト

ちょっと待って！

várj は vár（待つ）の命令形 (te) です。ön, maga では várjon となります。もっとていねいに言えば，Tessék várni! となります。

jobban szeretem a ...t, mint a ...t
ヨッバン　セレテム　ア　ミント　ア

…より…のほうが好き

2つのものを比べる言い方です。jobban は「より良く」の意味で，mint 以下が「…よりも」の意味になります。

Mindegy!
ミンデジ

どうでもいいわ！

2つ以上のもののうち，どれがいいかたずねられた場合，どれでもいいですと答える時に使う，大変便利な言い方です。それ以外に，本文の例のように「ごちゃごちゃ言わなくても，もういい」と話題を終わらせる時にも使うことができます。

Majd meglátjuk.
マイド　メグラーチュク

ま，そのうちわかるわ。

直訳すると「あとで私たちは見るでしょう」ですが，現時点でまだ先が読めない場合に使います。

よく使う命令文の表現

動詞の命令形については文法編（109〜110ページ）にまとめて紹介していますが、ここでは命令形を使った日常的な表現をみてみましょう。カッコの中は敬称で呼ぶ時の言い方です。イントネーションは最初の音節が高く強くなり、そのあとは下がっていきます。相手にやさしく促す場合などは、最後に心持ちしり上がりに言います。

Vigyázz! (Vigyázzon!) ヴィジャーズ　ヴィジャーゾン	気をつけて！
Bocsáss meg! (Bocsásson meg!) ボチャーシュ　メグ　　ボチャーション　メグ	ごめんなさい。
Ne haragudj! (Ne haragudjon!) ネ　ハラグジ　　　ネ　ハラグジョン	ごめんなさい。
Mutasd! (Mutassa!) ムタジュド　　ムタッシャ	見せて。
Add ide! (Adja ide!) アッド　イデ　　アッジャ　イデ	かして。
Figyelj ide! (Figyeljen ide!) フィジェイ　イデ　　フィジェイェン　イデ	ちょっと！（注意喚起）
Írjál! (Írjon!) イーリャール　イーリョン	手紙書いてください。
Egyél! (Egyen!) エジェール　エジェン	食べてください。
Segíts! (Segítsen!) シェギーチュ　シェギーチェン	助けて！
Gyere! (Jöjjön!) ジェレ　　　イェイイェン	おいで。来てください。
Nézz! (Nézzen!) ネーッズ　　ネーッゼン	見て！
Hidd el! (Higgye el!) ヒド　エル　　ヒッジェ　エル	本当だってば。（信じてください）
Ne viccelj! (Ne visceljen!) ネ　ヴィッツェイ　ネ　ヴィッツェイェン	冗談言わないで！

曜日の名前

Milyen nap van ma? 今日は何曜日？
ミエン　ナプ　ヴァン　マ

hétfő(n)　　　　月曜日（に）　　péntek(en)　　金曜日（に）
ヘートフェー　　　　　　　　　　ペーンテク
kedd(en)　　　　火曜日（に）　　szombat(on)　土曜日（に）
ケッド　　　　　　　　　　　　　ソンバト
szerdá(n)　　　 水曜日（に）　　vasárnap　　　日曜日（に）
セルダ　　　　　　　　　　　　　ヴァシャールナプ
csütörtök(ön)　 木曜日（に）
チュテルテク

vasárnap だけ接尾辞がつかないので注意しましょう。

国のお誕生日ケーキ

ハンガリーには「国のお誕生日ケーキ」というものがあります。ハンガリーの建国記念日は8月20日。2007年から毎年この日に合わせて全国菓子職人協会の主催でケーキのコンクールが行われています。全国のパティシエが腕を競って創作ケーキを披露します。審査は半年もかかり、第3審査まで通過して晴れて1等賞に輝いたケーキが、その年のハンガリーのお誕生日ケーキとして発表されます。ケーキのレシピは全国のお菓子屋さんに公開され、どこのお店もそのレシピ通りにケーキを作ることができ、わくわくして待っていた全国の人々が舌鼓を打つのです。2012年からは、糖尿病予防活動のNPOとの共催で「ダイエットケーキ部門」も新設。1切れの糖質が15g以下で人工甘味料や精白した小麦粉を使わないという厳しい条件をクリアしたアイデア豊かで美しく美味なケーキが毎年誕生し、肥満大国ハンガリーの人たちを救済するスイーツとなっています。

19 ヨメさんと相談しなきゃ
Meg kell beszélni a feleségemmel.

Bence　**Márta azt mondja, hogy nagyon kíváncsi a japán**
マールタ　アスト　モンジャ　ホジ　ナジョン　キヴァーンチ　ア　ヤパーン

ételekre.
エーテレクレ

Hanako　**Igen? Szívesen meghívnánk titeket egy japán**
イゲン　スィーヴェシェン　メクヒーヴナーンク　ティテケト　エジ　ヤパーン

vacsorára. Mikor tudnátok eljönni?
ヴァチョラーラ　　ミコル　　トゥドナートク　エルイェンニ

Bence　**Hát, meg kell beszélni a feleségemmel. Majd**
ハート　メッ　ケル　ベセールニ　ア　フェレシェーゲンメル　マイド

este felhívlak.
エシュテ　フェルヒーヴラク

ベンツェ　マールタが日本料理にとても興味があるっていうんだ。
ハナコ　そう？日本食の夕べに喜んで招待するわよ。いつ来れる？
ベンツェ　うーん，ヨメさんと相談しないと。また夜電話するよ。

Azt mondja, hogy ...
アスト　モンジャ　ホジ

（彼女・彼は）…と言っている

azt mondja は「（彼女は）あれを言っている」ですが，「あれ」の内容は hogy 以下の部分です。

nagyon kíváncsi ...re
ナジョン　キヴァーンチ

とても興味がある

kíváncsi は「好奇心がある」という意味で，興味の対象には -ra または -re がつきます。

Igen?
イゲン

あらそう？

しり下がりに言えば「はい」ですが，「イゲン？」と「ゲ」を上げて発音すれば，「あら」「へえ？」と少々意外なこと，相手の真意を念を押してたずねるニュアンスが出ます。

Mikor tudnátok eljönni?
ミコル　トゥドナートク　エルイェンニ

いつ来れますか？

　Mikor tudtok eljönni?　君たちはいつ来れますか？

に比べて，仮定形 tudnátok を用いると，少々婉曲な表現であたりがやわらかくなります（→仮定形については，文法編111～112ページを参照）。

Meg kell beszélni a feleségemmel.
メッ　ケル　ベセールニ　ア　フェレシェーゲンメル

ヨメさんと相談しなきゃ。

megbeszél は「相談する」という意味です。kell は間に割り込む形で meg kell beszélni というのがふつうです。

Majd este felhívlak.
マイド　エシュテ　フェルヒーヴラク

今晩電話します。

felhív は「電話する」です。電話する相手が親しい場合は felhívlak，あらたまれば felhívom となります。

「〜と言います」「〜と思います」の表現

> **Bence azt mondta, hogy szereti a japán ételeket.**
> ベンツェ アスト モンタ ホジ セレティ ア ヤパーン エーテレケト
> ベンツェは日本食が好きだと言いました。
>
> **Azt mondják, hogy a magyar borok finomak.**
> アスト モンジャーク ホジ ア マジャル ボロク フィノマク
> ハンガリーのワインはおいしいと言われています。

まず azt mondta, azt mondják など「あれを言った，言う」と前置きをしてから，hogy 以下でその内容を伝えます。動詞は定活用となります。うれしいことに，英語にあるような時制の一致というややこしいことはありません。azt mondják は「彼らは言っている」ですが，「…と一般に言われている」という意味にもなります。

> **Azt hiszem, hogy ... .**   私は…と思います。
> アスト ヒセム ホジ
>
> **Úgy gondolom, hogy ... .**   私は…と考えます。
> ウージ ゴンドロム ホジ

hisz（思う）も gondol（考える）も定活用になります。gondol には azt 以外に úgy（そのように）が伴うことがよくあります。

味を表すことば

édes 甘い エーデシュ	sós しょっぱい ショーシュ	csípős からい チーペーシュ
erős 酒が強い，からい エレーシュ	gyenge 酒が弱い ジェンゲ	
sűrű 味が濃い シュールー	híg 味が薄い ヒーグ	

君が好きだ

ハンガリー語の規則には，次のようなちょっとめずらしいものがあります。それは「私は〜する」の文の中で，目的語が téged（君を）や titeket / benneteket（君たちを）である場合に限り，動詞の語尾が -lak, -lek になる，というものです。

Szeretlek. 君が好きです。
セレトレク

Várlak. 君を待っています。
ヴァールラク

上は「アイ・ラブ・ユー」の表現です。この語尾があれば，わざわざ Én（私は）téged（君を）szeretlek（愛する），などと言わなくても，手短に済むというものです。敬称で呼ぶ関係であれば Szeretem magát.（あなたが好きです）と，動詞は定活用になります。

Kérlek. たのむよ。
ケールレク

Nem zavarlak? おじゃまでないですか？
ネム　ザヴァルラク

kér は「お願いする」，zavar は「じゃまをする」の意味です。敬称で呼ぶ相手だと，それぞれ Kérem., Nem zavarom? となります。

肉を包んだパラチンタ
「ホルトバージ・パラチンタ」▶

20 またお待ちしているわ
Szeretettel várunk titeket máskor is!

ハナコたちはマールタとベンツェを家に招待します

Márta **De gyönyörű! Ezt mind te csináltad, Hanako?**
デ　ジェニェルー　エスト　ミンド　テ　チナールタド　ハナコ

Hanako **A szusit én csináltam, de a halat Tomoo sütötte.**
ア　スシト　エーン　チナールタム　デ　ア　ハラト　トモオ　シュテッテ

Tomoo **Kóstoljátok meg! Pálcikával, villával, ahogy tetszik.**
コーシュトイヤートク　メグ　パールツィカーヴァル　ヴィッラーヴァル　アホジ　テッツィク

Márta **Ilyen finomat még nem ettem soha!**
イエン　フィノマト　メーグ　ネム　エッテム　ショハ

Hanako **Szeretettel várunk titeket máskor is!**
セレテッテル　ヴァールンク　ティテケト　マーシュコル　イシュ

マールタ　すてき！これみんなあなたが作ったの，ハナコ？
ハナコ　　すしは私だけど，魚はトモオが焼いたのよ。
トモオ　　食べてみて！箸でもフォークでも，好きなように。
マールタ　こんなにおいしいのは食べたことがないわ。
ハナコ　　またお待ちしているわ。

> **A szusit én csináltam, de a halat Tomoo sütötte.**
> ア　スシト　エーン　チナールタム　デ　ア　ハラト　トモオ　シュテッテ
> すしは私が作って，魚はトモオが焼きました。

ハンガリー語の語順はかなり自由ですが，語順にはそれなりの理由があります。ここでは「すしについては…で，魚については…だ」という具合に「すし」「魚」が主題となっていますが，主題は文頭に来ます。「私が」「トモオが」は強調されている部分で，必ず動詞の直前に来ます。

> **Kóstoljátok meg!**　　　　　　　食べてみてください。
> コーシュトイャートク　メグ

megkóstol は「味見をする」という意味です。命令文では接頭辞 meg は分離して後ろに回ります。一人 (te) であれば，Kóstold meg! [コーシュトルド　メグ] となります。

> **ahogy tetszik**　　　　　　　　お好きなように。
> アホジ　テッツィク

「気に入るとおりに」という意味です。似た言い方に，ahogy akarod [アホジ　アカロド] (te), ahogy akarja [アホジ　アカリャ] (ön).（やりたいように）があります。

> **Szeretettel várunk titeket máskor is!**　　　またお待ちしています。
> セレテッテル　ヴァールンク　ティテケト　マーシュコル　イシュ

szeretettel は「好意をもって」，máskor は「他の時」，titeket は ti（君たち）の目的語です。「次回もぜひ君たちを待っています」という表現です。

パプリカ風味のサラミ
（まん中下）▶

食事に招かれた時の表現

Köszönöm a meghívást.
ケセネム　ア　メクヒーヴァーシュト

ご招待ありがとうございます。

meghívás は「招待」の意味です。

Jóllaktam.
ヨールラクタム

おなかいっぱいです。

Minden nagyon finom volt.
ミンデン　ナジョン　フィノム　ヴォルト

みんなとてもおいしかったです。

jóllakik [ヨールラキク] は,「おなかがいっぱいになる」という表現です。minden は「すべてが」の意味です。volt は動詞 van の過去形です。現在形では動詞は要りませんが, 過去形では必ず動詞を伴います。

招待された時のマナー

人の家に食事に招待された場合, その家に女性がいれば花を持って行くのがもっとも一般的です。日本ではお菓子の手みやげはふつうですが, ハンガリーではたいてい主婦手作りのお菓子を用意して待っているので, 重なってしまうとあまり喜ばれません。招待は, 時間帯が昼か夜かで, 内容も違います。昼食に招待された場合は正餐で, スープ, 肉料理, デザート, コーヒーまでたっぷり食べさせてもらえますが, 夜の招待は軽食だけで終わってしまうことも多いですから注意しましょう。おいしければ Finom. [フィノム]（おいしい）を連発し, 遠慮なくおかわりをし, 逆に苦手なものであれば最初に Sajnos nem szeretem. [シャイノシュ　ネム　セレテム]（好きでないので）とはっきり言った方が, 相手にわかりやすく喜ばれます。おいしいのかまずいのか, さっぱりわからない反応が, ハンガリー人には一番つらいようです。

ハンガリー語の語順について

今までハンガリー語を学んできて，ハンガリー語の語順が英語などにくらべて相当自由であることにお気づきになられたでしょう。たしかに，語順にはかなりの柔軟性がありますが，一方でこれだけは譲れないという規則や，語順が決定するそれなりの理由もまたあります。ここでは，主題と強調についてみていきましょう。

> Tegnap　　　meghívtam　　　a fiúkat　　　ebédre.
> テグナプ　　　メクヒーヴタム　　ア フィウーカト　　エベードレ
> 昨日　　　　（私は）招待した　　男の子たちを　　　昼食に
>
> A fiúkat tegnap meghívtam ebédre.（ □ は主題部分）
> ア フィウーカト テグナプ メクヒーヴタム エベードレ

最初の文は前後の脈絡にとらわれずに淡々と述べる，いわば中立的な文です。下の文は「男の子たちについていえば」と前置きがあり，この部分が文頭に来ます。これを主題と言います。

> Tegnap hívtam meg a fiúkat ebédre (és nem ma).（下線は強調部分）
> テグナプ ヒーヴタム メグ ア フィウーカト エベードレ エーシュ ネム マ
> Tegnap a fiúkat hívtam meg ebédre (és nem a lányokat).
> テグナプ ア フィウーカト ヒーヴタム メグ エーベドレ エーシュ ネム ア ラーニョカト

上の文で「(今日でなくて) 昨日」と強調する場合，強調要素は必ず動詞の直前に来ます。meghív のように接頭辞がついていると，接頭辞 meg は分離して，動詞のうしろにまわります。最後の文は「昨日はというと」という主題と「(女の子たちじゃなくて) 男の子たち」という強調要素が入っています。

市場のパプリカ▶

1　文字と発音
1.1　アルファベット

A	a	ア	Í	í	イー	S	s	エシュ
Á	á	アー	J	j	イェー	Sz	sz	エス
B	b	ベー	K	k	カー	T	t	テー
C	c	ツェー	L	l	エル	Ty	ty	テェー
Cs	cs	チェー	Ly	ly	エルイプシロン	U	u	ウ
D	d	デー	M	m	エンム	Ú	ú	ウー
Dz	dz	ヅェー	N	n	エンヌ	Ü	ü	イゥ
Dzs	dzs	ジェー	Ny	ny	エンニュ	Ű	ű	イゥー
E	e	エ	O	o	オ	V	v	ヴェー
É	é	エー	Ó	ó	オー	(W	w)	ドゥプラヴェー
F	f	エフ	Ö	ö	オェ	(X	x)	イクス
G	g	ゲー	Ő	ő	オェー	(Y	y)	イプシロン
Gy	gy	デェー	P	p	ペー	Z	z	ゼー
H	h	ハー	(Q	q)	クー	Zs	zs	ジェー
I	i	イ	R	r	エル			

1.2 母音

母音には,

a á u ú o ó i í e é ü ű ö ő

があります。

- **a** 日本語の「お」をいう時のように口をとがらせて,「あ」と言います。「お」と「あ」の中間のように聞こえます。
- **á** 口を大きく開けて「あー」と言った時の音です。**a**とは違う音なので,注意しましょう。
- **u** 日本語の「う」の音ですが,唇を丸くすぼめます。**ú**はその長い音です。
- **o** 日本語の「お」の音ですが,唇を丸くすぼめます。**ó**はその長い音です。
- **i** 日本語の「い」の音です。**í**はその長い音です。
- **e** 日本語の「え」とほぼ同じですが,あごをやや大きめに開きます。
- **é** 「い」を発音する時のようにあごを開かず「えー」を言います。**e**とは違う音なので,注意しましょう。
- **ü** 口を丸くすぼめ,「う」をいう時より舌を根っこから持ち上げます。**ű**はその長い音です。
- **ö** 口を丸くすぼめ,「お」をいう時より舌を根っこから持ち上げます。**ő**はその長い音です。

母音は発音した時の舌の高さによって,**後舌母音**(低い母音)と**前舌母音**(高い母音)に分かれます。

後舌母音	a á u ú o ó
前舌母音	i í e é
	ü ű ö ő

(唇を丸くすぼめて発音します。特に**円唇母音**と呼びます)

1.3 子音

無声子音	p	t	k	f	sz	s	c	cs	ty	h
有声子音	b	d	g	v	z	zs	dz	dzs	gy	j	ly m n ny l r

子音の中でも，以下のものは特に発音に注意するものです。

- **c** 「月」の「つ」の音です。
- **cs** 「ちゃ，ちゅ，ちょ」の音です。
- **dz** 「ずっと」と言う時の「ず」の音です。
- **dzs** 「ジェット機」と言う時の「ジェ」の音です。
- **gy** 英語で **duet**（デュエット）という時の音に近く，舌を広く上あごにつけて発音します。
- **j** 「や，ゆ，よ」の発音です。
- **ly** jと同じ発音です。
- **ny** 「にゃ，にゅ，にょ」の音です。
- **r** 巻き舌で舌の先をふるわせます。
- **s** 「しゃ，しゅ，しょ」の音です。
- **sz** 「さ，す，せ，そ」の音です。
- **ty** 英語の **studio**（英）と言う時の「テュ」に近く，舌を広く上あごにつけて発音します。
- **z** 日本語の「ず」とは違い，舌が上あごに触れないように発音します。
- **zs** pleasure（英）のように，舌が上あごに触れないように発音します。

その他の子音は英語と同じように発音します。

q（= k の発音），w（= v），x（= ksz），y（= i）はほぼ外来語のみに使われます（w, y は古い人名にも使われます）。

●子音の発音が変化する場合

ハンガリー語はほぼ書いたとおりに発音しますが，合成語や接尾辞の子音の組み合わせによっては，発音が変わることがあります。

① 無声子音の後ろに有声子音がくると，無声子音が有声となります。

  füzet　ノート　→füzetbe (= füzedbe)　ノートに
  フゼト　　　　　　　　フゼドベ

  cukrász　菓子職人　→cukrászda (= cukrázda)　菓子屋
  ツクラース　　　　　　ツクラーズダ

② 有声子音の後ろに無声子音がくると，有声子音が無声となります。

  tud　知る　→tudtok (= tuttok)　君たちは知る
  トゥド　　　　トゥットク

  zseb　ポケット　→zsebkendő (= zsepkendő)　ハンカチ
  ジェブ　　　　　ジェブケンデー

③ jが後ろにつくと，d, gy, t, ty, n, nyは二重子音になります。
djはgy，tjはty，njはnyの発音になります。

  tudja (= tuggya)　　　（彼・彼女は）知っている
  トゥッジャ

  hagyja (= haggya)　　（彼・彼女は）放っておく
  ハッジャ

  mutatja (= mutattya)　（彼・彼女は）見せる
  ムタッチャ

  bátyja (= báttya)　　　（彼・彼女の）兄
  バーッチャ

  bánja (= bánnya)　　　（彼・彼女は）悔やむ
  バーニャ

  anyja (= annya)　　　（彼・彼女の）母　　　　など。
  アンニャ

lの後ろにjがくると，lは発音しなくなります。

  tanulja (= tanuja)　　（彼・彼女は）勉強する
  タヌヤ

④ szやzの後にsが来ると，前の音が後の音に同化してssとなります。

  igaz　本当の　→　igazság (= igasság)　真実
  イガズ　　　　　　イガッシャーグ

⑤ その他

dが無声化してtとなり，t+szでccの音になる場合。
 ad 与える → adsz (= acc) 君は与える
 アド   アッツ

dが無声化してtとなり，t+sでccsの音になる場合。
 szabad 自由な → szabadság (= szabaccság) 自由
 サバド   サバッチャーグ

1.4 アクセントとイントネーション

ハンガリー語では，すべての単語が第一音節にアクセントがあります。つまり，最初を高く強く発音し，その後は下降していくわけです。平叙文，また疑問詞のある疑問文のイントネーションは下降します。Yes-no疑問文は最後から2つめの音節をひときわ高く上げ，そのあと下降します。

Hova mennek a gyerekek? 子供たちはどこに行きますか？
ホヴァ　メンネク　ア　ジェレケク

Tudod, hova mennek a gyerekek?
トゥドド　ホヴァ　メンネク　ア　ジェレケク

        子供たちはどこに行くか知っていますか？

ただし，2音節しかない疑問文では，2音節目を上げた後すぐ下げます。
1音節の場合はしり上がりに発音します。

Biztos? 本当？
ビストシュ

Ez? これ？
エズ

2 動詞
2.1 人称代名詞と存在動詞 van の変化

	単数		複数	
1人称	én	vagyok	mi	vagyunk
2人称	te	vagy	ti	vagytok
3人称	ő	van	ők	vannak
敬称	ön / maga	van	önök / maguk	vannak

敬称は2人称の相手をていねいに呼ぶときに用いられ，文法上はいつも3人称となります。以下の人称変化表では，敬称は省略します。
3人称 van, vannak は存在を表す文には用いますが，「A は B である」という叙述文では用いません（現在形の場合のみ）。

 Ő ott **van.** 彼はあそこにいます。
 <small>エー　オット　ヴァン</small>

 Ő magyar. 彼はハンガリー人です。
 <small>エー　マジャル</small>

2.2　現在形の不定活用と定活用
① 不定活用

				a/u/o 勉強する	i/e 話す	ü/ö 喜ぶ
単	1	私	én	tanul**ok**	beszél**ek**	örül**ök**
	2	君	te	tanul**sz**	beszél**sz**	örül**sz**
数	3	彼・彼女	ő	tanul	beszél	örül
複	1	私たち	mi	tanul**unk**	beszél**ünk**	örül**ünk**
	2	君たち	ti	tanul**tok**	beszél**tek**	örül**tök**
数	3	彼ら・彼女ら	ők	tanul**nak**	beszél**nek**	örül**nek**

② **語幹が -s, -sz, -z で終わる動詞の不定活用**では，te の時に活用が -ol, -el, -öl となります。

a/u/o	olvas 読む オルヴァシュ	(te)	olvasol オルヴァショル	
i/e	néz 見る ネーズ	(te)	nézel ネーゼル	
ü/ö	főz 料理する フェーズ	(te)	főzöl フェーゼル	

③ **ik 動詞の人称活用**

3人称単数現在形が -ik で終わる動詞（ik 動詞と呼ぶ）の不定活用は，én の時の活用が -om, -em, -öm になります。-ik を除く語幹が -s, -sz, -z で終わる場合，te の時に活用がそれぞれ -ol, -el, -öl になります。

a/u/o	dolgozik 働く ドルゴズィク	(én) dolgozom エーン ドルゴゾム	(te) dolgozol テ ドルゴゾル	(ő) dolgozik エー ドルゴズィク
i/e	érkezik 到着する エールケズィク	(én) érkezem エーン エールケゼム	(te) érkezel テ エールケゼル	(ő) érkezik エー エールケズィク
ü/ö	öltözik 服を着る エルテズィク	(én) öltözöm エーン エルテゼム	(te) öltözöl テ エルテゼル	(ő) öltözik エー エルテズィク

④ **つなぎ母音をとる動詞**

tanít（教える），készít（準備する）など語幹が -ít で終わる動詞，mond（言う）など語幹が子音二つで終わる動詞は，活用語尾が子音で始まる場合のみ，つなぎ母音をとります。

(te) tanítasz　(ti) készítetek　(ők) mondanak
　タニータス　　ケースィーテテク　　モンダナク

⑤ **定活用**

				a/u/o 見る	i/e 好きである	ü/ö 送る
単	1	私	én	látom	szeretem	küldöm
	2	君	te	látod	szereted	küldöd
数	3	彼・彼女	ő	látja	szereti	küldi
複	1	私たち	mi	látjuk	szeretjük	küldjük
	2	君たち	ti	látjátok	szeretitek	külditek
数	3	彼ら・彼女ら	ők	látják	szeretik	küldik
	én+téged, titeket			látlak	szeretlek	küldelek

⑥ **語幹が -s, -sz, -z で終わる動詞の定活用**では，活用語尾の j がそれぞれ s, sz, z に同化して -ss-, -ssz-, -zz- となります。

  (ő) olva**ss**a 彼は読む   (mi) né**zz**ük 私たちは見る
   オルヴァッシャ   ネーッズク

  (mi) fő**zz**ük 私たちは料理する
   フェーッズク

⑦ érez, üdvözöl, dohányzik（語幹は dohányoz-）などの動詞は，活用語尾が母音で始まる場合のみ，語幹の最後の母音が脱落します。

  érzem 私は感じる   üdvözli 彼・彼女は挨拶する
  エールゼム   ウドヴェズリ

  dohányzom 私はタバコを吸う
  ドハーニゾム

⑧ megy（行く），jön（来る），eszik（食べる），iszik（飲む），vesz（とる，買う），visz（持っていく），tesz（置く，する），hisz（信じる），lesz（なる）の活用は次のようになります。

不定活用　visz, tesz, hisz の活用語尾は vesz と同じです。

	eszik 食べる	iszik 飲む	vesz とる	megy 行く	jön 来る
én	eszem	iszom	veszek	megyek	jövök
te	eszel	iszol	veszel	mész	jössz
ő	eszik	iszik	vesz	megy	jön
mi	eszünk	iszunk	veszünk	megyünk	jövünk
ti	esztek	isztok	vesztek	mentek	jöttök
ők	esznek	isznak	vesznek	mennek	jönnek

定活用 visz, tesz, hisz の活用語尾は vesz と同じです。

	eszik 食べる	iszik 飲む	vesz とる
én	eszem	iszom	veszem
te	eszed	iszod	veszed
ő	eszi	issza	veszi
mi	esszük	isszuk	vesszük
ti	eszitek	isszátok	veszitek
ők	eszik	isszák	veszik

⑨ én が主語で目的語が téged（君を），titeket (benneteket)（君たちを）の場合に限り，活用語尾が -lak, -lek となります。

 Vár**lak**.   私は君(たち)を待っています。
 ヴァールラク

 Szeret**lek**.   私は君(たち)が好きです。
 セレトレク

⑩ **不定活用と定活用の使い分け**

不定活用は目的語が不特定な場合に用います。
 1) 不定冠詞 (egy) がついている
 2) 初出のもの
 3) mit（何を），kit（誰を）などの疑問詞 → melyiket（どれを）を除く
 4) 不特定を表す形容詞がついている
  sok（たくさんの） néhány（いくつかの） valamilyen（何らかの など）
 5) 1人称か2人称の代名詞（engem 私を，titeket 君たちを など）

定活用は目的語が特定な場合に用います。
 1) 定冠詞（a または az）がついている
 2) 固有名詞
 3) 3人称代名詞（őt 彼を，őket 彼らを など）
 4) 指示代名詞 ezt, azt など
 5) melyiket（どれを）など

2.3 過去形の不定活用と定活用

① 不定活用

				a/u/o 見つける	i/e 話す	ü/ö 座る
単	1	私	én	találtam	beszéltem	ültem
	2	君	te	találtál	beszéltél	ültél
数	3	彼・彼女	ő	talált	beszélt	ült
複	1	私たち	mi	találtunk	beszéltünk	ültünk
	2	君たち	ti	találtatok	beszéltetek	ültetek
数	3	彼ら・彼女ら	ők	találtak	beszéltek	ültek

② 定活用

				a/u/o 見つける	i/e 頼む	ü/ö 送る
単	1	私	én	találtam	kértem	küldtem
	2	君	te	találtad	kérted	küldted
数	3	彼・彼女	ő	találta	kérte	küldte
複	1	私たち	mi	találtuk	kértük	küldtük
	2	君たち	ti	találtátok	kértétek	küldtétek
数	3	彼ら・彼女ら	ők	találták	kérték	küldték
		én + téged, titeket		találtalak	kértelek	küldtelek

③ tanít（教える），ért（理解する），süt（焼く），készít（準備する）などの動詞の過去形は，-t- ではなく，-ott-, -ett-, -ött- が入り，それに人称語尾がつきます。

　　tanítottam, tanítottál, tanított, tanítottunk,
　　　tanítottatok, tanítottak
　　értettem, értettél, értett, értettünk, értettetek, értettek
　　sütöttem, sütöttél, sütött, sütöttünk, sütöttetek, sütöttek

④ olvas（読む），mond（言う），lát（見える），néz（見る），küld（送る），kezd（始める）などの動詞は，不定活用の3人称単数(ő)の場合のみ，-t- ではなく，-ott, -ett, -ött が入ります。
　　olvastam, olvastál, olvas**ott**, olvastunk, olvastatok, olvastak
　　néztem, néztél, néz**ett**, néztünk, néztetek, néztek

⑤ 3人称単数現在形が -ik で終わる ik 動詞では，ik を除いた形が語幹となり，これに過去の活用がつきます。
　　dolgozik（働く）　(én) dolgoztam, (te) dolgoztál,
　　(ő) dolgozott,...

⑥ alszik（眠る），fekszik（横たわる），igyekszik（がんばる）などの動詞は，それぞれの語幹 alud-, feküd-, igyekez- に活用語尾がつきます。
　　igyekszik ⇒ igyekeztem, igyekeztél, igyekez**ett**,...

⑦ 次の動詞は過去形で語幹が変化します。これに t を除く活用語尾がつきます。
　　van ある ⇒ **volt-**　　　megy 行く ⇒ **ment-**　　jön 来る ⇒ **jött-**
　　eszik 食べる ⇒ **ett-**　　iszik 飲む ⇒ **itt-**　　　vesz とる, 買う ⇒ **vett-**
　　visz 持っていく ⇒ **vitt-**　tesz 置く, する ⇒ **tett-**
　　hisz 信じる ⇒ **hitt-**　　lesz なる ⇒ **lett-**

　　Jöttek-mentek az emberek.　人々は行ったり来たりしていた。
　　イェッテク　メンテク　アズ　エンベレク

　　Azt **hitték**, hogy magyar vagyok.　私はハンガリー人だと思われた。
　　アスト　ヒッテーク　ホジ　マジャル　ヴァジョク

　　ただし，iszik, eszik の不定活用の3人称単数形は次のようになります。
　　Kólát **ivott**.　　　　　（彼・彼女は）コーラを飲んだ。
　　コーラート　イヴォット

　　Szendvicset **evett**.　（彼・彼女は）サンドイッチを食べた。
　　センドヴィチェト　エヴェット

2.4 命令形の不定活用と定活用

① **不定活用** te の活用には短い形 -j と長い形 -jál, -jél があります。

				a/u/o 見つける	i/e 頼む	ü/ö 送る
単	1	私	én	talál**jak**	kér**jek**	küld**jek**
	2	君	te	talál**j(ál)**	kér**j(él)**	küld**j(él)**
数	3	彼・彼女	ő	talál**jon**	kér**jen**	küld**jön**
複	1	私たち	mi	talál**junk**	kér**jünk**	küld**jünk**
	2	君たち	ti	talál**jatok**	kér**jetek**	küld**jetek**
数	3	彼ら・彼女ら	ők	talál**janak**	kér**jenek**	küld**jenek**

② **定活用** te の活用には短い形 -d と長い形 -jad, -jed があります。

				a/u/o 見つける	i/e 頼む	ü/ö 送る
単	1	私	én	talál**jam**	kér**jem**	küld**jem**
	2	君	te	talál**d**	kér**d**	küld**d**
			(または)	talál**jad**	kér**jed**	küld**jed**)
数	3	彼・彼女	ő	talál**ja**	kér**je**	küld**je**
複	1	私たち	mi	talál**juk**	kér**jük**	küld**jük**
	2	君たち	ti	talál**játok**	kér**jétek**	küld**jétek**
数	3	彼ら・彼女ら	ők	talál**ják**	kér**jék**	küld**jék**
		én + téged, titeket		talál**jalak**	kér**jelek**	küld**jelek**

③ **語幹の語尾が -s, -sz, -z, -dz で終わる動詞**は、活用語尾の j が同化し、それぞれ -ss-, -ssz-, -zz-, -ddz となります。

    keres　探す　　kere**ss**ek, kere**ss** (él), kere**ss**en, kere**ss**ünk …..
    ケレシュ　　　　ケレッシェク　ケレッシェール　ケレッシェン　ケレッシュンク

    néz　見る　　né**zz**ek, né**zz** (él), né**zz**en, né**zz**ünk …..
    ネーズ　　　　　ネーッゼク　　ネーッゼール　　ネーッゼン　ネーッズンク

④ **語幹の語尾が -st, -szt で終わる動詞**は，t がとれ，活用語尾の j が同化し，それぞれ -ss-, -ssz となります。

  választ 選ぶ válasszak, válassz (ál), válasszon, válasszunk .....
  ヴァーラスト   ヴァーラッサク ヴァーラッサール ヴァーラッソン ヴァーラッスンク

⑤ **語幹の語尾が長母音または子音＋-t（ただし④の例を除く）で終わる動詞**は，活用語尾の j が s となります。ts で cs の音になります。

  takarít 掃除する takarítsak, takaríts, takarítson, takarítsunk...
  タカリート   タカリーチャク タカリーチュ タカリーチョン タカリーチュンク

  ért 理解する értsek, érts, értsen, értsünk...
  エールト   エールチェク エールチュ エールチェン エールチュンク

⑥ **語幹が短母音＋-t で終わる動詞**は，-t と活用語尾 j が両方変化し，-ss- となります。

  mutat 見せる mutassak, mutass, mutasson, mutassunk .....
  ムタト   ムタッシャク ムタッシュ ムタッション ムタッシュンク

  定活用の te では，mutasd（発音は mutazsd［ムタジュド］）となります。

⑦ 次の動詞は命令形で語幹が変化します。これに j を除く活用語尾がつきます。

  van ある ⇒ **legy-** megy 行く ⇒ **menj-** jön 来る ⇒ **jöjj-**
  eszik 食べる ⇒ **egy-** iszik 飲む ⇒ **igy-** vesz とる，買う ⇒ **vegy-**
  visz 持っていく ⇒ **vigy-** tesz 置く，する ⇒ **tegy-**
  hisz 信じる ⇒ **higgy-** lesz なる ⇒ **legy-**

  定活用の te の短い形は

  edd (eszik), idd (iszik), vedd (vesz), vidd (visz), tedd (tesz),
  エッド イッド ヴェッド ヴィッド テッド

  hidd (hisz)
  ヒッド

不規則なものとして，次のものがあります。van および lesz は te の場合，2 通りあります。

  jön → (te) gyere, (mi) gyerünk, (ti) gyertek
        ジェレ ジェルンク ジェルテク

  van/lesz → (te) legyél/légy
        レジェール　レージ

⑧ 否定の命令文では，否定詞 ne を用います。

  Ne gyere ide! こっちへ来ないで！
  ネ ジェレ イデ

  Ne tanuljatok olyan sokat! そんなに勉強しないで！
  ネ タヌヤトク オヤン ショカト

2.5 仮定形の不定活用と定活用

① 不定活用

				a/u/o 見る	i/e 好きである (…したい)	ü/ö 料理する
単	1	私	én	lát**nék**	szeret**nék**	főz**nék**
	2	君	te	lát**nál**	szeret**nél**	főz**nél**
数	3	彼・彼女	ő	lát**na**	szeretne	főzne
複	1	私たち	mi	lát**nánk**	szeret**nénk**	főz**nénk**
	2	君たち	ti	lát**nátok**	szeret**nétek**	főz**nétek**
数	3	彼ら・彼女ら	ők	lát**nának**	szeret**nének**	főz**nének**

仮定形では前舌母音 (i/e) と円唇母音 (ü/ö) の動詞はすべて同じ活用をします。1人称単数では，後舌母音 (a/u/o) の動詞も -nék の語尾をとるので気をつけましょう。ただし，つなぎ母音をとる動詞では，つなぎ母音は a のままです。

　　　taní**ta**nék　私は教えるだろう。
　　　<small>タニータネーク</small>

仮定形では，つなぎ母音をとる動詞はすべての人称活用でつなぎ母音が入ります。（つなぎ母音については104ページ参照）

② 定活用

				a/u/o 見る	i/e 好きである (…したい)	ü/ö 送る
単	1	私	én	lát**nám**	szeret**ném**	külde**ném**
	2	君	te	lát**nád**	szeret**néd**	külde**néd**
数	3	彼・彼女	ő	lát**ná**	szeret**né**	külde**né**
複	1	私たち	mi	lát**nánk**	szeret**nénk**	külde**nénk**
	2	君たち	ti	lát**nátok**	szeret**nétek**	külde**nétek**
数	3	彼ら・彼女ら	ők	lát**nák**	szeret**nék**	külde**nék**
	én+téged, titeket			lát**nálak**	szeret**nélek**	külde**nélek**

③ alszik（眠る）, fekszik（横たわる）, igyekszik（がんばる）などの動詞は, それぞれの語幹 alud-, feküd-, igyekez- に活用語尾がつきます.
④ 次の動詞は仮定形で語幹が変化します. これに活用語尾がつきます.
  van ある ⇒ **len-** megy 行く ⇒ **men-** jön 来る ⇒ **jön-**
  eszik 食べる ⇒ **en-** iszik 飲む ⇒ **in-**
  vesz とる, 買う ⇒ **ven-** visz 持っていく ⇒ **vin-**
  tesz 置く, する ⇒ **ten-** hisz 信じる ⇒ **hin-** lesz なる ⇒ **len-**
⑤ **仮定法過去**では, 過去形（**2.3** を参照）に **volna** をつけ, 現実にはならなかったことを表します.
  Ha sokat **tanultam volna, átmentem volna** a vizsgán.
  ハ　ショカト　タヌルタム　ヴォルナ　アートメンテム　ヴォルナ　ア　ヴィジュガーン
  たくさん勉強していれば, 試験に合格しただろうに.

2.6　不定形

不定形は動詞の語幹に -ni がつきます.
 Kezet akarok mos**ni**. Tudsz főz**ni**?
 ケゼト　アカロク　モシュニ　トゥッツ　フェーズニ
 手を洗いたいです.　　　料理できますか？

① tanít（教える）や készít（準備する）など語幹が -ít で終わる動詞や, mond（言う）や ért（理解する）のように子音2つで終わる動詞は, つなぎ母音をとります.
  tanít**a**ni készít**e**ni mond**a**ni ért**e**ni
  タニータニ　　ケースィーテニ　　モンダニ　　エールテニ

② **3人称単数現在形が -ik で終わる ik 動詞**は, -ik を除いた形に -ni がつきます.
  dolgozik 働く → dolgoz**ni** játszik 遊ぶ → játsza**ni**
  ドルゴズィク　　　　ドルゴズニ　　　　ヤーツィク　　　　ヤーツァニ

③ 次の動詞の不定形では, 仮定形と同じ語幹となり, これに -ni がつきます.
  van ある ⇒ **lenni** megy 行く ⇒ **menni** jön 来る ⇒ **jönni**
  eszik 食べる ⇒ **enni** iszik 飲む ⇒ **inni** vesz とる, 買う ⇒ **venni**
  visz 持っていく ⇒ **vinni** tesz 置く, する ⇒ **tenni**
  hisz 信じる ⇒ **hinni** lesz なる ⇒ **lenni**

④　動詞の不定形をとるものには以下のような例があります。

> akar -ni　…したい　　　　　　tud -ni　…できる
> szokott -ni　よく…する（習慣）　szeret -ni　…するのが好きだ
> szeretne -ni　…したい

これらの場合，それぞれakar, tud, szeret, szokik（過去形），szeretne（仮定形）が人称変化します。

> kell -ni　…しなければならない　　lehet -ni　…することができる
> szabad -ni　…してもよい　　　　tilos -ni　…してはいけない
> sikerül -ni　…するのに成功する　　　　　　　　　　　　　　　など

そのままでは非人称の表現で，「一般に～である」という意味になります。動作主を明示する場合は，不定形が人称変化します。

不定形の人称活用

				a/u/o 勉強する	i/e 話す	ü/ö 料理する
単	1	私	én	tanul**nom**	beszél**nem**	főz**nöm**
	2	君	te	tanul**nod**	beszél**ned**	főz**nöd**
数	3	彼・彼女	ő	tanul**nia**	beszél**nie**	főz**nie**
複	1	私たち	mi	tanul**nunk**	beszél**nünk**	főz**nünk**
	2	君たち	ti	tanul**notok**	beszél**netek**	főz**nötök**
数	3	彼ら・彼女ら	ők	tanul**niuk**	beszél**niük**	főz**niük**

Beszél**nem** kell vele.　私は彼と話さなくてはいけない。
ベセールネム　ケル　ヴェレ

Sikerült találkoz**notok**?　ちゃんと会えましたか？
シケルルト　タラールコズノトク

2.7　未来を表す fog

ハンガリー語では現在形でも未来の出来事を言うことができますが，動詞fogに不定形を伴って，未来を表すことがあります。その場合，fogが人称変化します。

Jól **fogok** aludni.　私はきっとよく眠れるでしょう。
ヨール　フォゴク　アルドニ

Azt nem **fogják** elfelejteni.　彼らはそのことを忘れないでしょう。
アスト　ネム　フォッギャーク　エルフェレイテニ

2.8　動詞の接頭辞

動詞の接頭辞とは，動詞の前について動作の方向や動作の完了を表したり，動詞の意味を変えたりするものです。

① | be- 中へ　　ki- 外へ　　　fel- 上へ　　　le- 下へ　　át- 渡って
　　 el- 去って　oda- あちらへ　vissza- 戻って　　　　　　　　　　　など

これらの接頭辞は頻度が高く，多くの動詞について動作の方向を表します。

kimegy　出て行く　　**be**jön　入る　　　　　　**át**száll　乗り換える
　キメジ　　　　　　　　ベイェン　　　　　　　　　　アートサール

elrepül　飛び去る　　**vissza**kérdez　聞き返す　　など
　エルレプル　　　　　　ヴィッサケールデズ

② **meg-** は多くの場合，動作の完了を表します。
　　megcsinál　やってしまう　　**meg**csókol　キスをする
　　　メクチナール　　　　　　　　　メクチョーコル

中には **el** で完了を表す動詞もあります。
　　elolvas　読んでしまう
　　　エルオルヴァシュ

③ 接頭辞がつくことによって，動詞の意味が変わることがあります。
　　ad　与える　→**fel**ad　投函する，あきらめる　**ki**ad　出版する　**el**ad　売る
　　アド　　　　　　フェルアド　　　　　　　　　　キアド　　　　　　エルアド

　　hív　呼ぶ　→**fel**hív　電話する　**be**hív　召集する　**ki**hív　挑発する
　　ヒーヴ　　　　フェルヒーヴ　　　　ベヒーヴ　　　　　キヒーヴ

　　　　　　　　meghív　招待する
　　　　　　　　　メクヒーヴ

④ 否定文，疑問詞疑問文，強調文では，動詞はそれぞれ<u>否定詞，疑問詞，強調部分</u>のすぐ後ろに来ます。接頭辞は動詞から分離し，動詞の後ろにまわります。

A vendégek <u>nem</u> jöttek **vissza**.　客たちは戻ってこなかった。
ア　ヴェンデーゲク　ネム　イェッテク　ヴィッサ

<u>Hol</u> szállunk **át**?　どこで乗り換えるのですか？
ホル　サールンク　アート

Tavaly halt **meg**. 彼は去年なくなりました。
タヴァイ　ハルト　メグ

ただし，強めた否定文では否定詞の前に接頭辞がきます。
Vissza sem fordult. 彼は振り向きもしなかった。
ヴィッサ　シェム　フォルドゥルト

⑤ akar -ni（…したい），tud -ni（…することができる），kell -ni（…しなければならない）などの文では，ふつうは接頭辞と動詞の不定形の間にそれぞれ akar, tud, kell が入ります。

Tegnap **fel akartalak hívni**. 昨日君に電話したかったのだけど。
テグナプ　フェル　アカルタラク　ヒーヴニ

Holnapra **meg tudjuk csinálni**. 明日までにできます。
ホルナプラ　メグ　トゥッジュク　チナールニ

Lassan **el kell mennem**. そろそろ行かなくてはいけません。
ラッシャン　エル　ケル　メンネム

否定文，疑問詞疑問文，強調文では，それぞれ<u>否定詞，疑問詞，強調部分のすぐ後ろ</u>に動詞，次に接頭辞つき動詞の不定形がきます。

Tegnap <u>nem</u> akartalak **felhívni**. 昨日君に電話したくなかったんだ。
テグナプ　ネム　アカルタラク　フェルヒーヴニ

<u>Mikor</u> tudjuk **megcsinálni**? いつやり終えられるでしょう？
ミコル　トゥッジュク　メクチナールニ

<u>Múlt héten</u> kellett **visszajönniük**.
ムールト　ヘーテン　ケッレット　ヴィッサイェンニウク
彼らは先週帰ってこなければならなかった。

⑥ 一般的な命令文でも接頭辞は分離します。
Ülj **le**! 座りなさい。　　Edd **meg**! 食べてしまいなさい。
ウイ　レ　　　　　　　　　エッド　メグ

ただし，1人称で提案する場合には分離しないこともあります。
Én **meg**kérdezzem? 私がたずねましょうか？
エーン　メッケールデッゼム

否定の命令文で，強い語調の場合，接頭辞が否定詞 ne の前に行くことがあります。

El ne menjetek! 行ってはだめ！
エル　ネ　メンニェテク

Meg ne fázz! 風邪ひかないようにね！（megfázik 風邪をひく）
メグ　ネ　ファーズ

3 名詞
3.1 対格接尾辞

母音で終わる語 -t	a/u/o -ot	i/e -et	ü/ö -öt
rádió**t** ラジオを	ablak**ot** 窓を	gép**et** 機械を	gyümölcs**öt** くだものを
te**át** 紅茶を	újság**ot** 新聞を	keksz**et** クッキーを	bőrönd**öt** トランクを

① 母音で終わる語には -t がつくだけですが，最後の音が a, e の場合は，それぞれ長母音 á, é になります。

  táska かばん → tásk**át** かばんを
  ターシュカ　　　　ターシュカート

  lecke 課題 → leck**ét** 課題を
  レツケ　　　　レツケート

② 後舌母音の中には，例外として -at がつくものがあります。

  ház**at** 家を hal**at** 魚を toll**at** ペンを
  ハーザト　　　　　ハラト　　　　　　　トッラット

③ 多くの語は -t だけつきます（語末が -n, -ny, -j, -l, -ly, -r, -s, -sz, -z, -zs）。

  pénz**t** お金を busz**t** バスを papír**t** 紙を rizs**t** 米を
  ペーンズト　　　　ブスト　　　　　パピールト　　　リシュト

④ 長かった母音が短くなることもあります。

  kenyér パン → keny**eret** パンを
  ケニエール　　　　　ケニエレト

  pohár コップ → poh**arat** コップを
  ポハール　　　　　　ポハラト

⑤ 母音が脱落する場合があります。

  három 3つ → hármat 3つを
  ハーロム　　　　ハールマト

  cukor 砂糖 → cukrot 砂糖を
  ツコル　　　　　ツクロト

⑥ 単音節で長母音をもつ語は語幹に -v- が入ります。
    ló 馬 →lovat 馬を   tó 湖 →tavat 湖を
    ロー   ロヴァト   トー   タヴァト
⑦ 名詞に複数や所有などの接尾辞がついていれば，対格接尾辞は -at, -et のどちらかになります。
    bőrönd + -ök + -et トランク［複数］を
    asztal + -om + -at 私の机を

3.2 複数接尾辞

母音で終わる語 -k	a/u/o -ok	i/e -ek	ü/ö -ök
taxi**k** タクシー	asztal**ok** 机	kép**ek** 絵	gyümölcs**ök** くだもの
szállodá**k** ホテル	villamos**ok** 市電	szék**ek** 椅子	bőrönd**ök** トランク

① 母音で終わる語には -k がつくだけですが，最後の音が a, e の場合は，それぞれ長母音 á, é になります。
    táska かばん →táská**k**
    ターシュカ   ターシュカーク
② 対格接尾辞に -at がつくものは，複数接尾辞は -ak になります。
    toll ペン →toll**ak**   fal 壁 →fal**ak**
    トッル   トッラク   ファル   ファラク
③ 対格接尾辞で母音が短くなるものは，複数でも短くなります。
    levél 手紙 →lev**e**lek   pohár コップ →poh**a**rak
    レヴェール   レヴェレク   ポハール   ポハラク
④ 対格接尾辞で母音が脱落するものは，複数でも脱落します。
    étterem レストラン →éttermek
    エーッテレム   エーッテルメク
⑤ 単音節で長母音をもつ語は語幹に -v- が入ります。
    ló 馬 →lovak   tó 湖 →tavak
    ロー   ロヴァク   トー   タヴァク

3.3　場所を表す接尾辞

場所を表す接尾辞には以下の9種類があります。語中の母音の種類によって，接尾辞の母音も決まります（母音調和）。

	Hol? どこで？	Hova? どこへ？	Honnan? どこから？
〜の中	-ban, -ben	-ba, -be	-ból, -ből
〜の上	-n, -on, -en, -ön	-ra, -re	-ról, -ről
〜のそば	-nál, -nél	-hoz, -hez, -höz	-tól, -től

3.4　その他の接尾辞

-nak, -nek（…に）　　János**nak**　ヤーノシュに
　　　　　　　　　　　　ヤーノシュナク

-val, -vel（…と一緒に＝同伴），（…で＝手段）　metró**val**　地下鉄で
　　　　　　　　　　　　　　　　　　　　　　　メトローヴァル

*-val, -velは子音で終わる語につく場合，vの音が語の最後の子音に同化します。
　Péter**rel**　ペーテルと一緒に　　vonat**tal**　電車で
　　ペーテッレル　　　　　　　　　　ヴォナッタル

以下の接尾辞は母音調和しません。

-ig（…まで）　　délután öt**ig**　午後5時まで
　　　　　　　　デールターン　エティグ

-é（…のもの）　Évá**é**　エーヴァのもの
　　　　　　　　エーヴァーエー

-ért（…のために）　gyerekek**ért**　子どもたちのために
　　　　　　　　　　ジェレケッケールト

-ék（…たち）　Szabó**ék**　サボー家の人たち
　　　　　　　　サボーエーク

3.5　接尾辞の人称形

接尾辞は名詞の後ろについていろいろな役割をしますが，人称代名詞の場合，接尾辞に人称語尾がついて独立します。

-val, -vel + én（私）　　→ velem　私と一緒に
　　　　　　　　　　　　　　ヴェレム

-hoz, -hez, -höz + ti（君たち）　→ hozzátok　君たちのところへ
　　　　　　　　　　　　　　　　　ホッザートク

	-nak, -nek	-val, -vel	-hoz, -hez, -höz	-ra, -re
én	nekem	velem	hozzám	rám
te	neked	veled	hozzád	rád
ő	neki	vele	hozzá	rá
mi	nekünk	velünk	hozzánk	ránk
ti	nektek	veletek	hozzátok	rátok
ők	nekik	velük	hozzájuk	rájuk

上にあげたのは一例ですが，この他場所を表す接尾辞すべてと -ért（〜のために）も同様に変化します。

3.6 所有接尾辞と所有代名詞
① 所有接尾辞

	母音で終わる語 táska かばん	a/u/o család 家族	i/e kert 庭	ü/ö főnök 上司
私の	táskám	családom	kertem	főnököm
君の	táskád	családod	kerted	főnököd
彼の・彼女の	táskája	családja	kertje	főnöke
私たちの	táskánk	családunk	kertünk	főnökünk
君たちの	táskátok	családotok	kertetek	főnökötök
彼ら・彼女らの	táskájuk	családjuk	kertjük	főnökük

3人称（単複両方）で接尾辞に j が入る語（családja, kertje など）と入らない語（főnöke など）があります。j が入る語については，巻末のインデックスに表記してありますので，参照してください。

② 不規則な所有形には次のようなものがあります。複数や対格接尾辞の場合に語幹が変化するものは，所有形でも同様になります。

  pohár コップ → poharam 私のコップ
  ポハール   ポハラム

  név 名前   → neve 彼の名前
  ネーヴ   ネヴェ

ló 馬 →lovunk 私たちの馬 など。
ロー　　　　ロヴンク

idő（時間），erő（力）などは，3人称の時，不規則になります。

idő →ideje 彼の時間　　idejük 彼らの時間
イデー　イデイェ　　　　　　イデユク

erő →ereje 彼の力　　　erejük 彼らの力
エレー　エレイェ　　　　　　エレユク

③ **複数の所有接尾辞**

所有するものが複数であるとき，所有接尾辞は複数形になります。3人称単数の所有接尾辞に複数を表すi，その後ろに複数所有人称接尾辞がつきます。

könyv 本 →
ケニヴ

könyve**im** 私の本　　　könyve**id** 君の本　　　könyve**i** 彼の本
ケニヴェイム　　　　　　ケニヴェイド　　　　　　ケニヴェイ

könyve**ink** 私たちの本　könyve**itek** 君たちの本　könyve**ik** 彼らの本
ケニヴェインク　　　　　ケニヴェイテク　　　　　ケニヴェイク

④ **所有代名詞**

所有代名詞には定冠詞 a（子音の前）または az（母音の前）がつきます。

az enyém 私のもの　　a tied 君のもの　　　az övé 彼・彼女のもの
アズ　エニエーム　　　ア　ティエド　　　　アズ　エヴェー

a mienk 私たちのもの　a tietek 君たちのもの　az övék 彼ら・彼女らのもの
ア　ミエンク　　　　　ア　ティエテク　　　　アズ　エヴェーク

*　敬称では人称代名詞に -é がつきます。
az öné あなたのもの　　az önöké あなた方のもの
アズ　エンネー　　　　アズ　エネクェー

3.7　指示代名詞

指示代名詞には相対的に近いものを指す ez（これ）と遠いものを指す az（あれ）があります。「この…」や「あの…」という場合は，定冠詞 a または az が指示代名詞と名詞の間に入ります。

ez a könyv この本　　az az asztal あの机
エズ　ア　ケニヴ　　　アズ　アズ　アスタル

① 指示代名詞も複数接尾辞をとります。
   ezek, azok
   　ezek a könyvek　これらの本　　　　**azok** az asztalok　あれらの机
   　エゼク ア ケニヴェク　　　　　　　　　　アゾク アズ アスタロク

② 指示代名詞も対格接尾辞をとります。
   ezt, azt
   　ezt a könyvet　この本を　　**azt** az asztalt　あの机を
   　エスト ア ケニヴェト　　　　　　アスト アズ アスタルト

③ 指示代名詞はその他の接尾辞もとりますが，多くの場合同化し変化します。
   　ez + -ben　→**ebben**　この中に　　　　az + -ban　→**abban**　あの中に
   　　　　　　　　エッベン　　　　　　　　　　　　　　　　アッバン

   　ez + -re 　→**erre**　これへ，こちらへ　az + -ra 　→**arra**　あれへ，あちらへ
   　　　　　　　　エルレ　　　　　　　　　　　　　　　　　アルラ

   　ez + -nek 　→**ennek**　これに　　　　az + -nak 　→**annak**　あれに
   　　　　　　　　エンネク　　　　　　　　　　　　　　　　アンナク

   　ez + -vel 　→**ezzel**　これで　　　　az + -val 　→**azzal**　あれで　　　など
   　　　　　　　　エッゼル　　　　　　　　　　　　　　　　アッザル

   　ebben az épületben　この建物の中に
   　エッベン アズ エープレトベン

   　azzal a busszal　あのバスで
   　アッザル ア ブッサル

3.8　再帰代名詞

magam 私自身	**magad** 君自身	**maga** 彼・彼女・それ自身
マガム	マガド	マガ
magunk 私たち自身	**magatok** 君たち自身	**maguk** 彼ら・彼女ら・それら自身
マグンク	マガトク	マグク

普通名詞と同様さまざまな接尾辞がつきます。

3.9　関係代名詞（用法については **5.4** を参照）

| **ami** または **amely**（ものを指す）　　**aki**（人を指す） |
| アミ　　　　　アメイ　　　　　　　　　　　アキ |
| **amelyik**（限定されたもののうちどれかを指す） |
| アメイク |

3.10 後置詞

後置詞は名詞の後ろに来て，場所などを表します。接尾辞と違い，分けて書かれ，母音調和しません。

① **場所を表す後置詞**

előtt エレート	…の前で	mögött メゲット	…の後ろで	mellett メッレット	…の横で
fölött フェレット	…の上で	alatt アラット	…の下で	között ケゼット	…の間で　など

A busz pont a házunk **előtt** áll meg.
ア　ブス　ポント　ア　ハーズンク　エレート　アール　メグ

　　　　　　　　　　バスはちょうど家の前に停まる。

Ez a rockzenész nagyon népszerű a lányok **között**.
エズ　ア　ロックゼネース　ナジョン　ネープセルー　ア　ラーニョク　ケゼット

　　　　　　　　　このロック歌手は女の子の間で大変人気がある。

② **その他の後置詞**

után ウターン	…のあとに	szerint セリント	…によると	
számára サーマーラ	…にとって	miatt ミアット	…のせいで	など

A hírek **szerint** ma esni fog.
ア　ヒーレク　セリント　マ　エシュニ　フォグ

ニュースによれば今日は雨が降るそうだ。

A hó **miatt** elkéstem.　　雪のせいで私は遅れた。
ア　ホー　ミアット　エルケーシュテム

③ 場所を表す後置詞には，それぞれ方向を表す形があります。

elé エレー	…の前へ	elől エレール	…の前から	
mögé メゲー	…の後ろへ	mögül メグル	…の後ろから	など

④ 後置詞が人称代名詞に用いられる場合，接尾辞と同様，後置詞に人称接尾辞がつきます。

> előttem 私の前に　　melléd 君の横へ　　utána その後で
> エレーッテム　　　　メッレード　　　　　ウターナ
> szerintem 私によると，私はこう思う　miattunk 私たちのせいで　など
> セリンテム　　　　　　　　　　　　　　ミアットゥンク

Szerintem a magyar nyelv nem nehéz.
セリンテム　　ア　マジャル　ニェルヴ　ネム　ネヘーズ

　　　　　　　　　　　　私はハンガリー語はむずかしくないと思う。

4　形容詞と副詞
4.1　形容詞の複数・対格接尾辞

母音で終わる語	a/u/o	i/e	ü/ö
-k	-ak	-ek	-ek
drágák	pirosak	kékek	zöldek
高い	赤い	青い	緑の

① 形容詞の複数接尾辞は名詞の場合と異なり，a/u/oの音を含む語では -**ak**，i/eとü/öの音を含む語では -**ek** となります。同様に，対格接尾辞ではそれぞれ -**at**, -**et** となります。

② nagy（大きい）などは -ok をとり，nagy**ok** となります。

③ 民族名の形容詞は名詞と同じ接尾辞をとります。
　　　　magyar　ハンガリーの　　　→ magyarok
　　　　görög　　ギリシアの　　　　→ görögök

④ 形容詞の複数形は述語が形容詞で終わる場合に用いられます。名詞を修飾する場合には複数形にはなりません。
　　Ezek **új** könyvek.　これらは新しい本です。
　　エゼク　ウーイ　ケニヴェク

　　Ezek a könyvek **újak**.　これらの本は新しいです。
　　エゼク　ア　ケニヴェク　ウーイアク

4.2 比較級と最上級

比較級は -bb，最上級は leg--bb の形をとります。
olcsó 安い　　　olcsó**bb** より安い　　　**leg**olcsó**bb** 一番安い
rossz 悪い　　　rossza**bb** より悪い　　　**leg**rossza**bb** 一番悪い

① könnyű（易しい），hosszú（長い）など ú, ű で終わる形容詞には，könny**ebb**, hossz**abb** となるものがあります。

② jó（よい）　　　　→ jobb
　 szép（美しい）　 → szebb となります。

③ **比較級**の文は -bb, mint ... や -bb ... -nál, -nél の構文を使います。
　　A csirkehús **olcsóbb**, **mint** a marhahús.　鶏肉は牛肉より安い。
　　ア　チルケフーシュ　オルチョーブ　ミント　ア　マルハフーシュ

　　A gulyás **finomabb** a halászlé**nél**.
　　ア　グヤーシュ　フィノマッブ　ア　ハラースレーネール
　　グヤーシュはハラースレー（鯉のスープ）よりおいしい。

④ **副詞**は形容詞に接尾辞 -an, -en がつきます。
　　　gyors 速い　　　→ gyors**an** 速く
　　　szép 美しい　　 → szép**en** 美しく，上手に
　　　ただし，一部の副詞は接尾辞 -l, -ul, -ül がつきます。
　　jó よい　　　　　　→ jó**l** よく
　　rendetlen だらしない　→ rendetlen**ül** だらしなく
副詞の比較級では，形容詞の比較級に -an, -en または -l, -ul, -ül がつきます。
　　Jobban beszélsz magyarul, mint én.
　　ヨッバン　ベセールス　マジャルル　ミント　エーン
　　君は僕よりハンガリー語が上手だ。

　　Ma **rosszabbul** vagyok, mint tegnap.
　　マ　ロッサッブル　ヴァジョク　ミント　テグナプ
　　私は昨日より今日のほうが調子が悪い。

5　よく使う文型

ここではよく使う文の構造をいくつか紹介します。

5.1　nem A, hanem B　A ではなくて B だ

A cicánk **nem** barna, **hanem** fekete.　うちの猫は茶色じゃなくて黒だ。
ア　ツィツァーンク　ネム　バルナ　ハネム　フェケテ

5.2　A は B をもっている

所有者には接尾辞 -nak, -nek，所有するものには所有接尾辞，存在を表す動詞 van（否定文では nincs）を使います。

Nekem három testvér**em van**.　私には３人兄弟がいる。
ネケム　ハーロム　テシュトヴェーレム　ヴァン

János**nak nincs** sok **ideje**.　ヤーノシュはあまり暇がない。
ヤーノシュナク　ニンチュ　ショク　イデイェ

5.3　az ..., hogy ... の複文

主節には先行詞となる **az**（または **azt, arra, arról, attól** など。動詞によって決まります），従属節は hogy で導かれます。

Azt mondják, **hogy** holnap jó idő lesz.　明日はいい天気になるらしい。
アスト　モンジャーク　ホジ　ホルナプ　ヨー　イデー　レス

Arra gondoltam, **hogy** elmegyünk kirándulni.
アッラ　ゴンドルタム　ホジ　エルメジュンク　キラーンドゥルニ
遠足に行こうかと考えたのだけれど。

Mónika **arról** mesélt, **hogy** mit látott Tokióban.
モーニカ　アッロール　メシェールト　ホジ　ミト　ラートット　トキオーバン
モーニカは東京で何を見たかを話しました。

Attól félek, **hogy** megbukom a vizsgán.
アットール　フェーレク　ホジ　メグブコム　ア　ヴィジュガーン
試験に落ちるんじゃないかと心配です。

5.4　aki, ami などの関係詞の複文

①　一般に主節に先行詞（多くの場合，指示代名詞 az がともないます）があり，その後関係詞と従属節が続きます。

ami, amely, amelyik（ものを指す）
aki（人を指す）

② 関係代名詞には普通の名詞のようにさまざまな接尾辞や後置詞がともないます。

Az a fiú, **akivel** tegnap beszélgettünk, Sándor fia.
アズ　ア　フィウー　アキヴェル　テグナプ　ベセールゲットゥンク　シャーンドル　フィア

私たちが昨日しゃべった少年はシャーンドルの息子だ。

Mindent elmesélek, **amire** kíváncsi vagy.
ミンデント　エルメシェーレク　アミレ　キヴァーンチ　ヴァジ

君の知りたいことはみんな話すよ。
（ここでは先行詞はmindent「すべてを」）

Soha sem felejtem el **azt** a balesetet, **ami miatt** nem tudtunk
ショハ　シェム　フェレイテム　エル　アスト　ア　バルエシェテト　アミ　ミアット　ネム　トゥットゥンク

találkozni.　そのせいで私たちが会えなかった事故のことは絶対忘れない。
タラールコズニ

③ 先行詞が省略される複文には次のようなものがあります。

Aki nem mos kezet, nem kap uzsonnát.
アキ　ネム　モシュ　ケゼト　ネム　カプ　ウジョンナート

手を洗わない人はおやつをもらえません。

Vannak, akik nem szeretik a halat.　魚が嫌いな人もいます。
ヴァンナク　アキク　ネム　セレティク　ア　ハラト

④ 関係副詞には場所を表す **ahol**, **ahova**, **ahonnan**（先行詞にはott, oda, onnanなどの副詞もあります）や，時間を表す**amikor**（先行詞はakkorなどもあります）などがあります。

Ott ebédeltünk, **ahol** zene is volt.
オット　エベーデルトゥンク　アホル　ゼネ　イシュ　ヴォルト

私たちは音楽の演奏もあるところで昼食をとった。

Mindenhol, **ahova** utaztam, jól éreztem magam.
ミンデンホル　アホヴァ　ウタスタム　ヨール　エーレステム　マガム

私が行った先々では，どこでも楽しかった。

Akkor vettem ezt az autót, **amikor** még nőtlen voltam.
アッコル　ヴェッテム　エスト　アズ　アウトート　アミコル　メーグ　ネートレン　ヴォルタム

　　この車はまだ独身の頃に買いました。

⑤　その他の複文
　　azért ..., mert ...　…なので…だ
　　Azért tanulok magyarul, **mert** szeretnék Magyarországra utazni.
アズェールト　タヌロク　マジャルル　メルト　セレトネーク　マジャロルサーグラ　ウタズニ

　　ハンガリーに旅行したいので，ハンガリー語を勉強しています。

5.5　命令形を伴う複文

① 命令，依頼，提案，許可，禁止を表す文では，従属節の動詞が命令形になります。

Anyu azt mondta, hogy **tanuljak** sokat.
アニュ　アスト　モンタ　ホジ　タヌヤク　ショカト

　　お母さんは私にたくさん勉強しろと言った。

Zoli azt kérte, hogy **vegyünk** bort.
ゾリ　アスト　ケールテ　ホジ　ヴェジュンク　ボルト

　　ゾリは僕たちにワインを買ってくれと頼んだ。

Az orvos megengedte, hogy **kimenjek** sétálni.
アズ　オルヴォシュ　メゲンゲッテ　ホジ　キメンニェク　シェータールニ

　　医者は散歩に出ることを許してくれた。

A főnökünk megtiltotta, hogy **túlórázzunk**.
ア　フェーネクンク　メクティルトッタ　ホジ　トゥールオーラーッズンク

　　上司は我々が残業することを禁止した。

② 従属節が目的を表す文では，従属節の動詞が命令形になります。

Korán megyek a piacra, hogy friss zöldséget **kapjak**.
コラーン　メジェク　ア　ピアツラ　ホジ　フリシュ　ゼルッチェーゲト　カピャク

　　新鮮な野菜を手に入れるために早く市場へ行きます。

ヴィジュアルハンガリー語 1

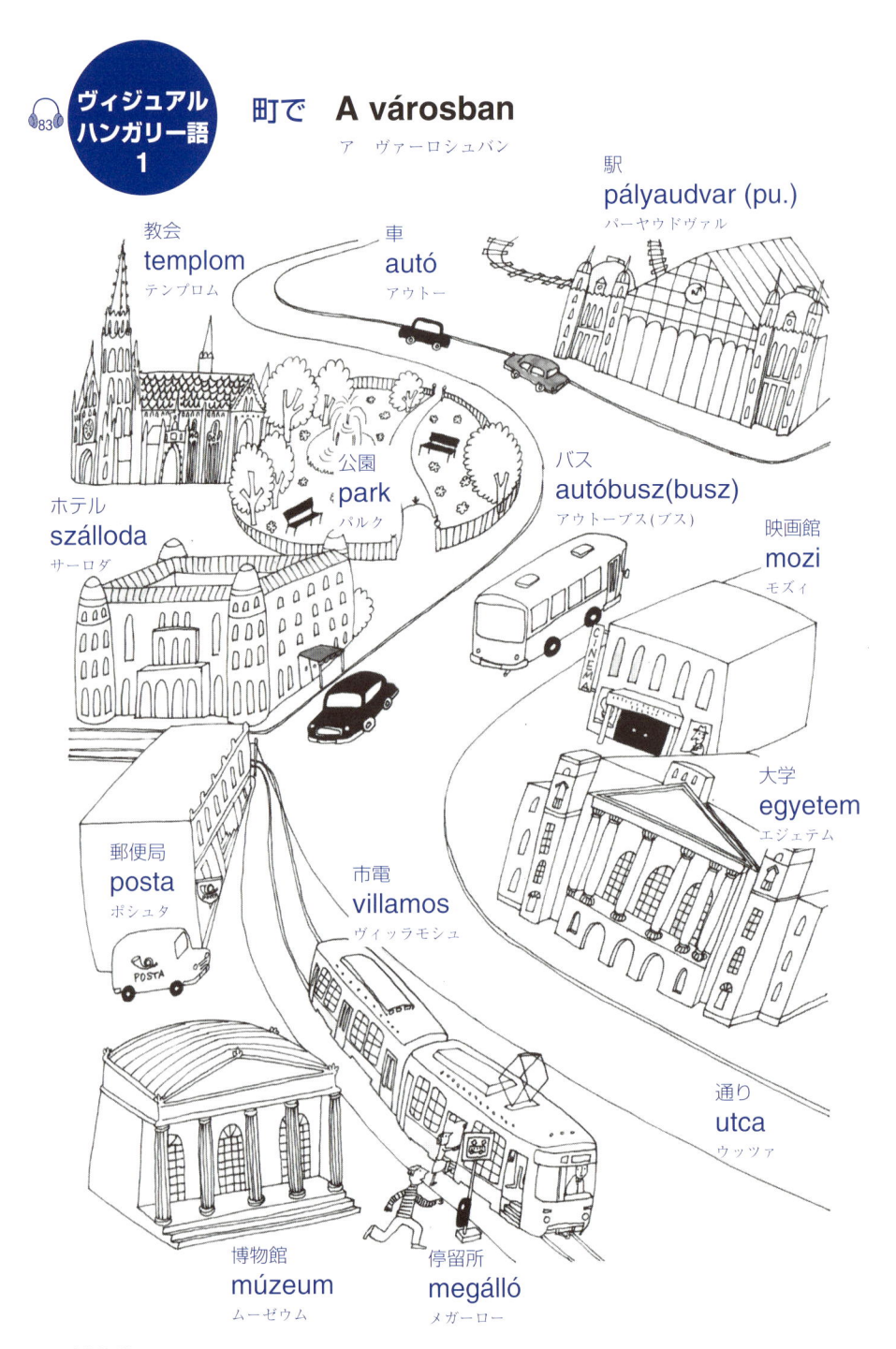

町で　A városban
ア　ヴァーロシュバン

駅	pályaudvar (pu.)	パーヤウドヴァル
教会	templom	テンプロム
車	autó	アウトー
公園	park	パルク
バス	autóbusz(busz)	アウトーブス(ブス)
ホテル	szálloda	サーロダ
映画館	mozi	モズィ
郵便局	posta	ポシュタ
大学	egyetem	エジェテム
市電	villamos	ヴィッラモシュ
通り	utca	ウッツァ
博物館	múzeum	ムーゼウム
停留所	megálló	メガーロー

128

ヴィジュアルハンガリー語 2

スーパーで　A szupermarketben
ア　スペルマルケトベン

ハム	sonka	ションカ
たまご	tojás	トヤーシュ
牛肉	marhahús	マルハフーシュ
肉	hús	フーシュ
鶏肉	csirkehús	チルケフーシュ
魚	hal	ハル
豚肉	sertéshús	シェルテーシュフーシュ
ヨーグルト	joghurt	ヨクフルト
チーズ	sajt	シャイト
牛乳	tej	テイ
パン	kenyér	ケニエール
パプリカ	paprika	パプリカ
きゅうり	uborka	ウボルカ
トマト	paradicsom	パラディチョム
野菜	zöldség	ゼルッチェーグ
くだもの	gyümölcs	ジュメルチュ
きのこ	gomba	ゴンバ

129

ヴィジュアルハンガリー語 3

家の中　A házban
ア　ハーズバン

部屋	szoba	ソバ
時計	óra	オーラ
窓	ablak	アブラク
トイレ	vécé(WC)	ヴェーツェー
風呂場	fürdőszoba	フルデーソバ
ベッド	ágy	アージ
ラジオ	rádió	ラーディオー
机	asztal	アスタル
椅子	szék	セーク
居間	nappali	ナッパリ
ランプ	lámpa	ラーンパ
テレビ	televízió	テレヴィーズィオー
台所	konyha	コニハ
ソファー	fotel	フォテル
ドア	ajtó	アイトー

130

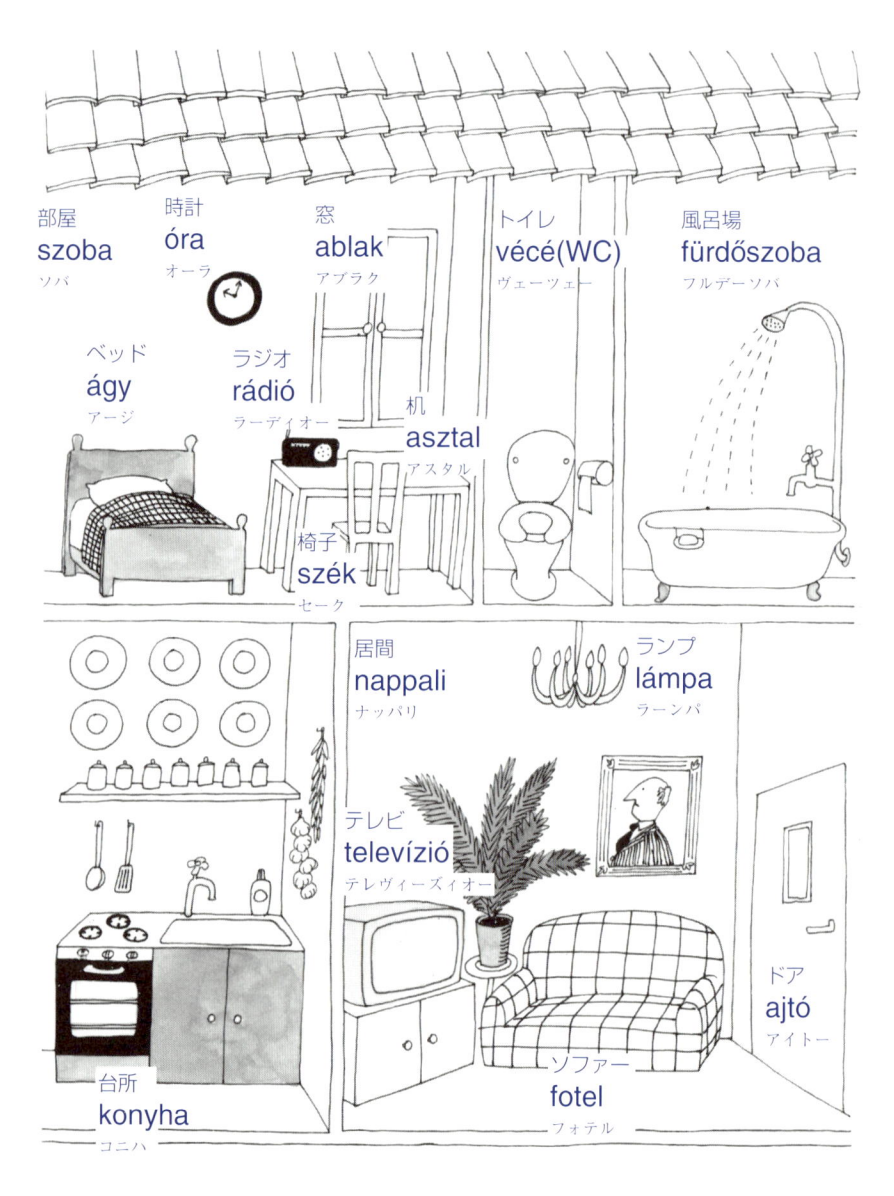

ヴィジュアルハンガリー語 4

たんすの中　A szekrényben
ア　セクレーニベン

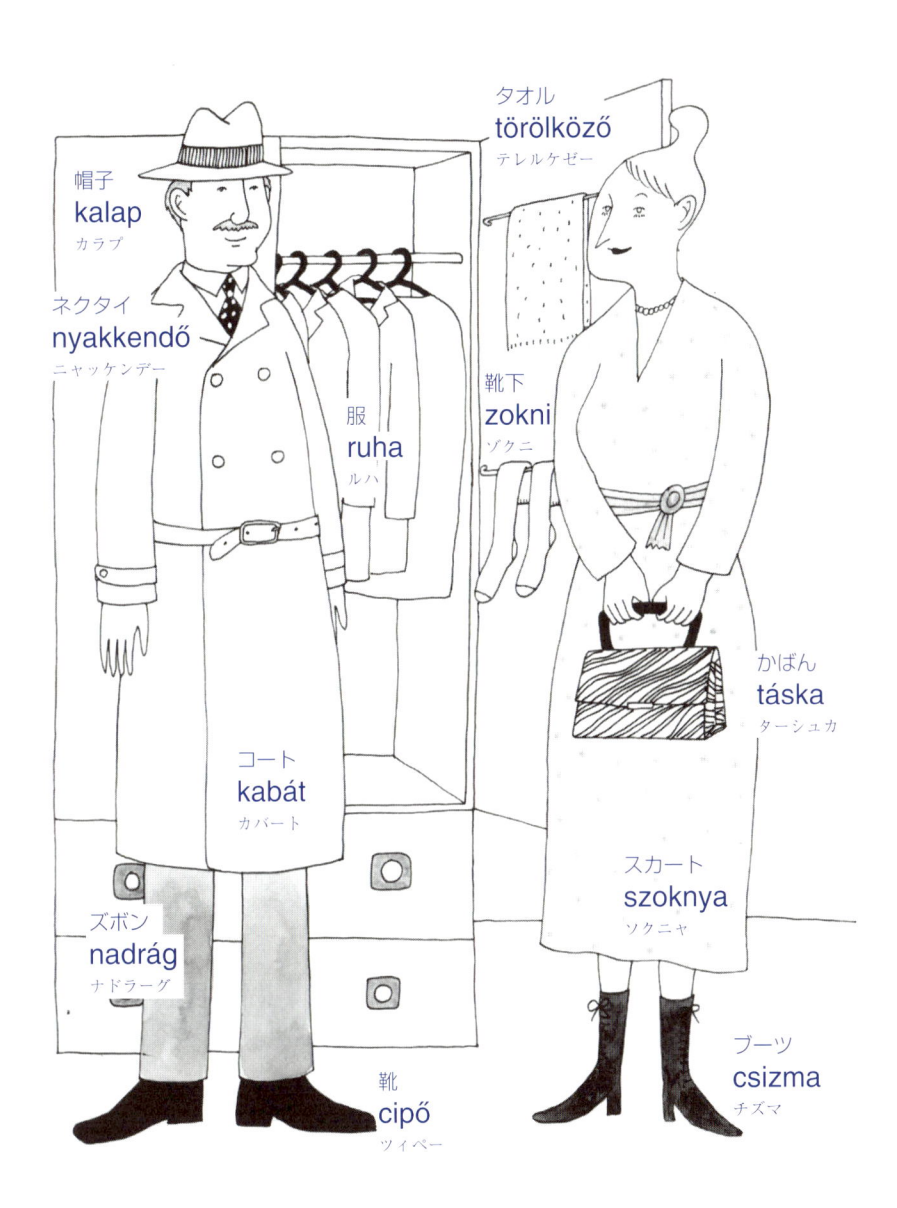

- 帽子 **kalap** カラプ
- ネクタイ **nyakkendő** ニャッケンデー
- タオル **törölköző** テレルケゼー
- 服 **ruha** ルハ
- 靴下 **zokni** ゾクニ
- コート **kabát** カバート
- かばん **táska** ターシュカ
- ズボン **nadrág** ナドラーグ
- スカート **szoknya** ソクニャ
- 靴 **cipő** ツィペー
- ブーツ **csizma** チズマ

ヴィジュアルハンガリー語 5 — レストランで　Az étteremben
アズ　エーッテレンベン

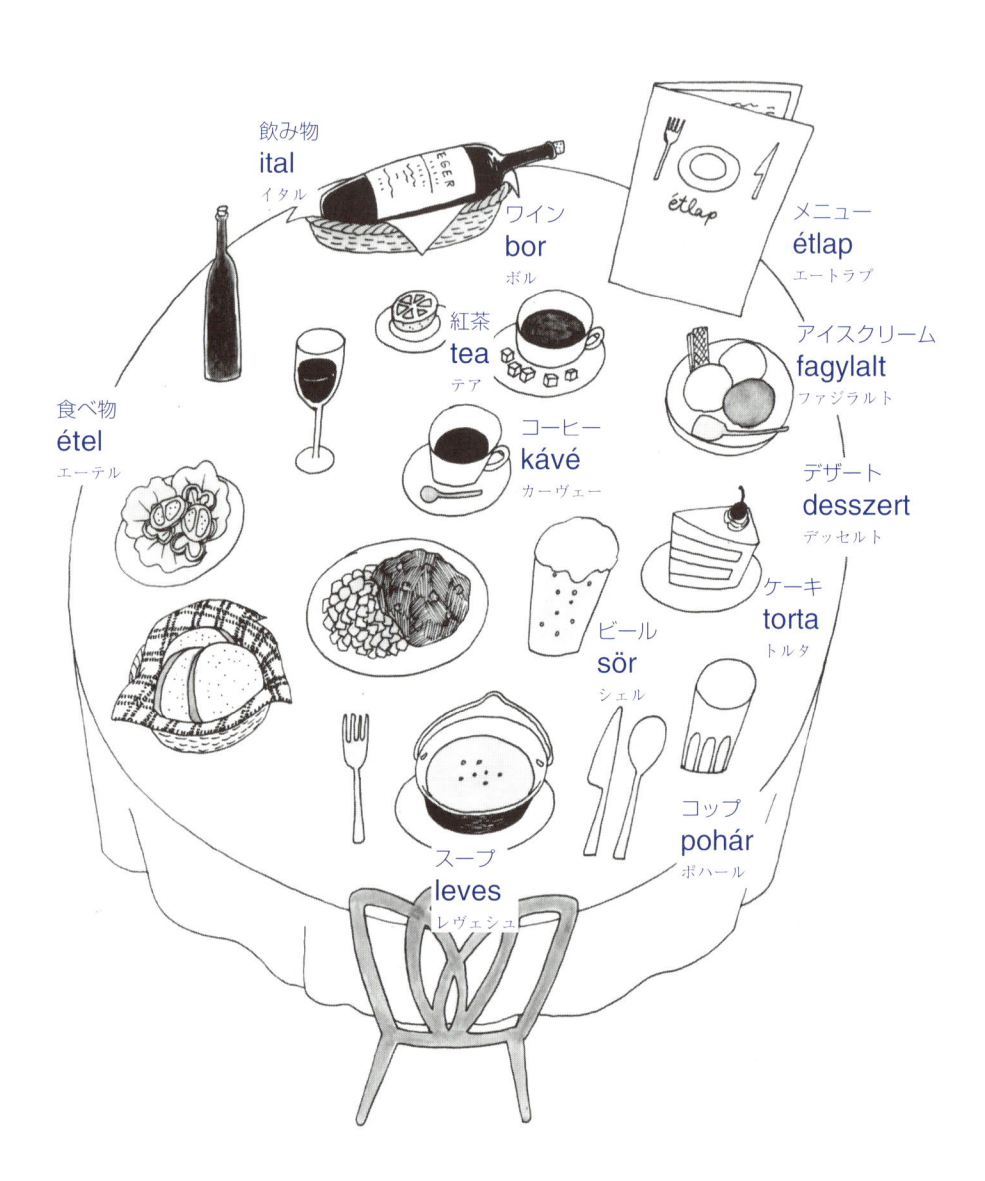

- 飲み物　ital（イタル）
- ワイン　bor（ボル）
- メニュー　étlap（エートラプ）
- 紅茶　tea（テア）
- アイスクリーム　fagylalt（ファジラルト）
- 食べ物　étel（エーテル）
- コーヒー　kávé（カーヴェー）
- デザート　desszert（デッセルト）
- ケーキ　torta（トルタ）
- ビール　sör（シェル）
- コップ　pohár（ポハール）
- スープ　leves（レヴェシュ）

ヴィジュアルハンガリー語 6

かばんの中　A táskában
ア　ターシュカーバン

- 紙 **papír** パピール
- ペン **toll** トッル
- お金 **pénz** ペーンズ
- 定期券 **bérlet** ベールレト
- 切符 **jegy** イェジ
- 財布 **pénztárca** ペーンズタールツァ
- ティッシュ **papírzsebkendő** パピールジェブケンデー
- めがね **szemüveg** セムウヴェグ
- 薬 **gyógyszer** ジョーッツェル
- パスポート **útlevél** ウートレヴェール
- 本 **könyv** ケニヴ
- ノートパソコン **laptop** ラプトプ
- ハンカチ **zsebkendő** ジェブケンデー

ヴィジュアルハンガリー語 7 — 人を形容することば　Az ember karaktere
アズ　エンベル　カラクテレ

やさしい kedves ケドヴェシュ

感じのよい szimpatikus スィンパティクシュ

勤勉な szorgalmas ソルガルマシュ

怠慢な lusta ルシュタ

ヘンな furcsa フルチャ

きっちりした rendes レンデシュ

ハンサムな helyes ヘイェシュ

美人の csinos チノシュ

陽気な vidám ヴィダーム

もの静かな csendes チェンデシュ

ケチな zsugori ジュゴリ

ずるい ravasz ラヴァス

134

本屋さんで A könyvesboltban
ア　　ケニヴェシュボルトバン

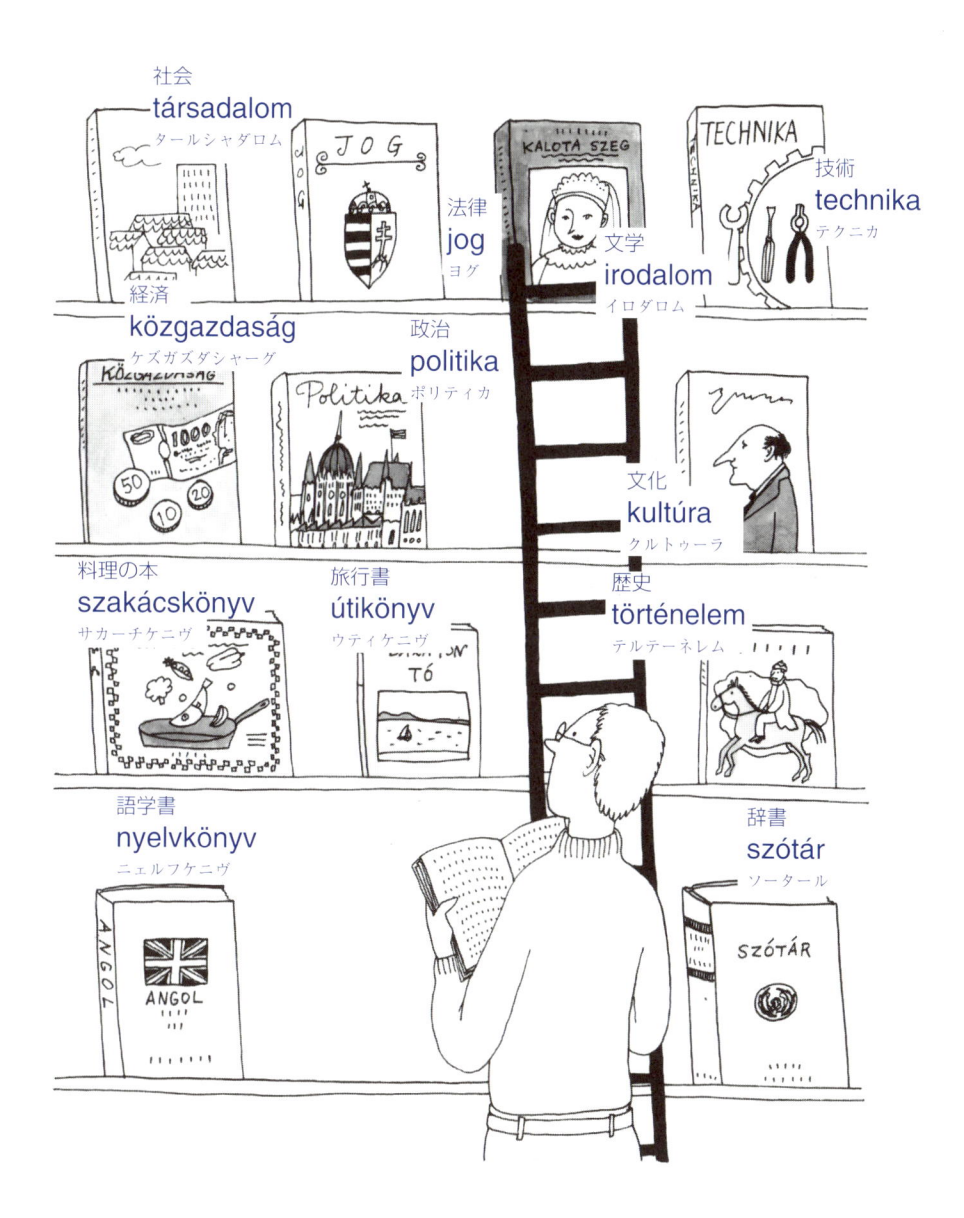

- 社会 **társadalom** táruシャダロム
- 法律 **jog** ヨグ
- 文学 **irodalom** イロダロム
- 技術 **technika** テクニカ
- 経済 **közgazdaság** ケズガズダシャーグ
- 政治 **politika** ポリティカ
- 文化 **kultúra** クルトゥーラ
- 料理の本 **szakácskönyv** サカーチケニヴ
- 旅行書 **útikönyv** ウティケニヴ
- 歴史 **történelem** テルテーネレム
- 語学書 **nyelvkönyv** ニェルフケニヴ
- 辞書 **szótár** ソータール

ヴィジュアルハンガリー語 9

職業と職場　Foglalkozás és munkahely
フォグラルコザーシュ　エーシュ　ムンカヘイ

（　）は女性形

病院
kórház
コールハーズ

医者
orvos(orvosnő)
オルヴォシュ　オルヴォシューネー

店
bolt
ボルト

店員
eladó(eladónő)
エラドー　エラドーネー

劇場
színház
スィーンハーズ

運転手
sofőr
ショフェール

乗り物
jármű
ヤールムー

俳優
színész(színésznő)
スィネース　スィネースネー

事務所
iroda
イロダ

弁護士
ügyvéd
ウジヴェード

国会議事堂
parlament
パッラメント

学校
iskola
イシュコラ

警察署
rendőrség
レンデールシェーグ

先生
tanár(tanárnő)
タナール　タナールネー

政治家
politikus
ポリティクシュ

大学
egyetem
エジェテム

警官
rendőr
レンデール

レストラン
étterem
エーッテレム

コック
szakács(szakácsnő)
サカーチ　サカーチネー

学生
diák
ディアーク

136

ヴィジュアルハンガリー語 10

家族　A család
ア　チャラード

※親族名称はほとんどの場合，所有接尾辞（私の、君の）などと共に用いられます。

おじいちゃん
nagyapa
ナジアパ

おばあちゃん
nagymama
ナジママ

お父さん
apa
アパ

お母さん
anya
アニャ

夫
férj
フェーリイ

妻
feleség
フェレシェーグ

赤ちゃん
kisbaba
キシュババ

お姉さん
nővér
ネーヴェール

お兄さん
bátya
バーチャ

妹
húg
フーグ

弟
öcs
エチ

娘
lány
ラーニュ

子ども（たち）
gyerek(ek)
ジェレク

息子
fia (fi-)
フィア

137

あ

アーモンド	mandula [マンドゥラ]	雨	eső [エシェー]
あいさつする	üdvözöl [ウドヴェゼル]	洗う	mos [モシュ]
アイスクリーム	fagylalt [ファジラルト]	ありがとう	Köszönöm szépen. [ケセネム　セーペン]
…の間で	között [ケゼット]	あれは	az [アズ]
(～に) 会う	találkozik -vel [タラールコズィク]		

い

青い	kék [ケーク]	胃	gyomor (gyomr-) [ジョモル]
赤い	piros [ピロシュ]	いいえ	Nem. [ネム]
赤ちゃん	kisbaba [キジュババ]	言う	mond (-ani) [モンド]
秋	ősz (-szel) [エース]	家	ház (háza-) [ハーズ]
足	láb (lába-) [ラーブ]	家に	otthon [オトホン]
味見する	megkóstol [メッコーシュトル]		itthon [イトホン]
明日	holnap [ホルナプ]	…はいかが？	Hogy tetszik …? [ホジ　テッツィク]
あそこで	ott [オット]	行く	megy (menni) [メジ]
あそこへ	oda [オダ]	いくつかの	néhány [ネーハーニュ]
遊ぶ	játszik (játszani) [ヤーツィク]	いくらですか？	Mennyibe kerül? [メンニベ　ケルル]
与える	ad [アド]	医者	orvos, orvosnő 女性 [オルヴォシュ（ネー）]
頭	fej [フェイ]	椅子	szék (-en) [セーク]
新しい	új [ウーイ]	急ぐ	siet [シエト]
暑い、暑さ、熱い	meleg [メレグ]	痛む	fáj [ファーイ]
…の後に	után [ウターン]	1	egy [エジ]
あなたは	ön [エン]	一度	egyszer [エッツェル]
	maga [マガ]	市場	piac (-on) [ピアツ]
あなたたちは	önök [エネク]	いつ	mikor [ミコル]
	maguk [マグク]	一階、地階	földszint (-en) [フェルツィント]
兄	bátya (bátyám, bátyád, bátyja …) [バーチャ]		
姉	nővér [ネーヴェール]		
甘い	édes [エーデシュ]		

いない	nincs [ニンチュ]
犬	kutya [クチャ]
今	most [モシュト]
居間	nappali [ナッパリ]
妹	húg [フーグ]

う

…の上で	fölött [フェレット]
…の後ろで	mögött [メゲット]
美しい	szép [セープ]
	gyönyörű [ジェニェルー]
腕	kar (-ja) [カル]
馬	ló (lova-) [ロー]
運転手	sofőr [ショフェール]

え

絵	kép [ケープ]
映画	film (-je) [フィルム]
映画館	mozi [モズィ]
英語、英語の、イギリスの、イギリス人	angol [アンゴル]
駅	pályaudvar (-on) [パーヤウドヴァル] pu. 略
エスプレッソ	eszpresszó [エスプレッソー]
絵はがき	képeslap (-ja) [ケーペシュラプ]
選ぶ	választ [ヴァーラスト]
遠足をする	kirándul [キラーンドゥル]

お

おいしい	finom [フィノム]
往復	oda-vissza [オダヴィッサ]
多い	sok [ショク]
大きい	nagy [ナジ]
置く	tesz (tenni) [テス]
送る	küld (-eni) [クルド]
遅れる	késik [ケーシク]
怒る	haragszik (haragud-) [ハラクスィク]
おじいちゃん	nagyapa [ナジアパ]
教える	tanít (-ani) [タニート]
おしゃべりする	beszélget [ベセールゲト]
恐れる	fél [フェール]
お楽しみ、驚き	meglepetés [メグレペテーシュ]
落ちる、落第する	megbukik [メグブキク]
夫	férj [フェーリイ]
弟	öcs [エチ] (öcsém, öcséd, öccse ...)
男の子	fiú [フィウー]
おなか	has (hasa-) [ハシュ]
おなかがすいた	éhes [エーヘシュ]
おばあちゃん	nagymama [ナジママ]
オペラ	opera [オペラ]
オペラ劇場	Opera [オペラ]
おめでとう	Gratulálok! [グラトゥラーロク]
思う	hisz (hinni) [ヒス]
	gondol [ゴンドル]
おもしろい	érdekes [エールデケシュ]
おやつ	uzsonna [ウジョンナ]
泳ぐ（水遊びをする）	fürdik (füröd-)

	[フルディク]	彼(彼女)は	ő [エー]	
音楽	zene [ゼネ]	彼ら(彼女ら)は	ők [エーク]	
音楽院	zeneakadémia	かわいい	aranyos [アラニョシュ]	
	[ゼネアカデーミア]	考える	gondol [ゴンドル]	
女の子	lány [ラーニュ]	感じのよい	szimpatikus	
			[シンパティクシュ]	
	か	勘定書	számla [サームラ]	
階	emelet (-en) [エメレト]	がんばる	igyekszik (igyekez-)	
会社	vállalat [ヴァーララト]		[イジェクスィク]	
	cég [ツェーグ]		**き**	
買う	vesz (venni) [ヴェス]	…する気	kedv [ケドヴ]	
書留で	ajánlottan	機械	gép [ゲープ]	
	[アヤーンロッタン]	技術	technika [テクニカ]	
書く	ír [イール]	キスをする	csókol [チョーコル]	
学食	menza (-'n) [メンザ]	きっちりした	rendes [レンデシュ]	
学生	diák (-ja) [ディアーク]	切手	bélyeg [ベーイェグ]	
菓子職人	cukrász [ツクラース]	きっと	biztos [ビストシュ]	
菓子屋	cukrászda [ツクラーズダ]	切符	jegy [イェジ]	
風邪をひく	megfázik	気に入る	tetszik (tetszeni)	
	[メクファーズィク]		[テッツィク]	
家族	család (-ja) [チャラード]	昨日	tegnap [テグナプ]	
肩	váll (válla-) [ヴァール]	きのこ	gomba [ゴンバ]	
課題	lecke [レツケ]	きみは	te [テ]	
学校	iskola (-'ban) [イシュコラ]	きみたちは	ti [ティ]	
金	pénz [ペーンズ]	きみを	téged [テーゲド]	
かばん	táska [ターシュカ]	きみたちを	titeket [ティテケト]	
壁	fal (fala-) [ファル]		benneteket [ベンネテケト]	
紙	papír (-ja) [パピール]	牛肉	marhahús	
神	isten [イシュテン]		[マルハフーシュ]	
通う	jár [ヤール]	牛乳	tej (-et) [ティ]	
火曜日	kedd (-en) [ケッド]	きゅうり	uborka [ウボルカ]	
からい	csípős [チーペーシュ]			

今日	ma [マ]
教会	templom (-ban) [テンプロム]
兄弟	testvér [テシュトヴェール]
（〜に）興味がある	kíváncsi -re [キーヴァーンチ]
去年	tavaly [タヴァイ]
きれいな	szép [セーブ]
キロ（重さ）	kiló [キロー]
（〜に）気をつける	vigyáz -re [ヴィジャーズ]
禁煙席	nemdohányzó [ネムドハーニゾー]
勤勉な	szorgalmas [ソルガルマシュ]
金曜日	péntek (-en) [ペーンテク]

く

薬	gyógyszer [ジョーッツェル]
ください	kérek [ケーレク]
	kérem [ケーレム]
くだもの	gyümölcs [ジュメルチュ]
口	száj (szám, szád, szája ...) [サーイ]
靴	cipő [ツィペー]
クッキー	keksz [ケクス]
靴下	zokni [ゾクニ]
首	nyak (nyaka-) [ニャク]
グヤーシュ	gulyás [グヤーシュ]
クリスマス	karácsony [カラーチョニュ]

来る	jön [イェン]
	eljön [エルイェン]
車	autó [アウトー]
	kocsi [コチ]
黒の	fekete [フェケテ]

け

計画	terv [テルヴ]
警官	rendőr [レンデール]
ケーキ	torta [トルタ]
劇場	színház (-ban) [スィーンハーズ]
経済	közgazdaság [ケズガズダシャーグ]
警察署	rendőrség [レンデールシェーグ]
月曜日	hétfő (-n) [ヘートフェー]
けちな	zsugori [ジュゴリ]
下痢	hasmenés [ハシュメネーシュ]
元気ですか？	Hogy van? [ホジ ヴァン]
	Hogy vagy? [ホジ ヴァジ]
元気で	jól [ヨール]

こ

…個	darab [ダラブ]
5	öt [エト]
合格する	átmegy -n [アートメジ]
コート	kabát (-ja) [カバート]
コーヒー	kávé [カーヴェー]
コーラ	kóla [コーラ]
公園	park (-ban) [パルク]

航空便	légiposta [レーギポシュタ]	財布	pénztárca [ペーンズタールツァ]
紅茶	tea [テア]	探す	keres [ケレシュ]
幸福な	boldog [ボルドグ]	魚	hal (hala-) [ハル]
語学書	nyelvkönyv [ニェルフケニヴ]	さくらんぼ	cseresznye [チェレスニェ]
		さて	no [ノ]
午後	délután [デールターン]	砂糖	cukor (cukr-) [ツコル]
心地よい	kellemes [ケッレメシュ]	寒い、寒さ	hideg [ヒデグ]
ここで	itt [イット]	さようなら	Viszontlátásra! [ヴィソントラーターシュラ]
腰	derék (dereka-) [デレーク]	(電話で)	Viszonthallásra! [ヴィソントハッラーシュラ]
午前	délelőtt [デールエレート]		
国会議事堂	parlament (-ben) [パッラメント]	皿	tányér [ターニエール]
		…さん、…氏	úr (ura-) [ウール]
コック	szakács [サカーチ]	3	három [ハーロム]
コップ	pohár (pohara-) [ポハール]	残業する	túlórázik [トゥールオーラーズィク]
五度	ötször [エッツェル]	三度	háromszor [ハーロムソル]
子供	gyerek [ジェレク]	サンドイッチ	szendvics [センドヴィチ]
子猫	cica [ツィツァ]	残念ながら	sajnos [シャイノシュ]
米	rizs [リジュ]	散歩する	sétál [シェータール]
ごめんなさい	Ne haragudj! (-jon!) [ネハラグジ]		

し

コンサート	koncert (-en) [コンツェルト]	時	óra [オーラ]
こんにちは	Jó napot kívánok! [ヨー ナポト キヴァーノク]	時間	idő (ideje, idejük) [イデー]
		試験	vizsga [ヴィジュガ]
コンピュータ	komputer [コンプテル]	事故	baleset [バルエシェト]
		辞書	szótár [ソータール]

さ

		舌	nyelv [ニェルヴ]
さあ	hát [ハート]	…したい	akar [アカル]
…歳	éves [エーヴェシュ]	…の下に	alatt [アラット]

日本語	ハンガリー語	
7	hét	[ヘート]
市電	villamos	[ヴィッラモシュ]
死ぬ	meghal	[メクハル]
事務所	iroda (-´ban)	[イロダ]
社会	társadalom (társadalm-)	[タールシャダロム]
じゃがいも	krumpli	[クルンプリ]
じゃまする	zavar	[ザヴァル]
自由	szabadság	[サバッチャーグ]
自由な	szabad	[サバド]
住所	cím	[ツィーム]
出発する	indul	[インドゥル]
瞬間	pillanat	[ピッラナト]
上司	főnök	[フェーネク]
招待する	meghív	[メクヒーヴ]
冗談を言う	viccel	[ヴィッツェル]
職業	foglalkozás	[フォグラルコザーシュ]
職場	munkahely (-en)	[ムンカヘイ]
しょっぱい	sós	[ショーシュ]
知る	tud	[トゥド]
	ismer	[イシュメル]
真実	igazság	[イガッシャーグ]
信じる	hisz (hinni)	[ヒス]
新鮮な	friss	[フリッシュ]
心臓	szív	[スィーヴ]
(〜を) 心配する	aggódik -ért	[アゴーディク]
新聞	újság	[ウーイシャーグ]
新聞記者、ジャーナリスト	újságíró	[ウーイシャーギーロー]

す

水曜日	szerda (-´n)	[セルダ]
スーパーマーケット	szupermarket (-ben)	[スペルマルケト]
スープ	leves	[レヴェシュ]
スカート	szoknya	[ソクニャ]
好き	szeret	[セレト]
(あまり…) 過ぎる	túl	[トゥール]
すぐに	mindjárt	[ミンジャールト]
	azonnal	[アゾンナル]
少しの	kevés	[ケヴェーシュ]
少し…する	keveset	[ケヴェシェト]
	egy kicsit	[エチキチト]
すっかり	egész	[エゲース]
	egészen	[エゲーセン]
砂	homok	[ホモク]
すばらしい、すごい	fantasztikus	[ファンタスティクシュ]
	nagyszerű	[ナッツェルー]
スプーン	kanál (kanala-)	[カナール]
ズボン	nadrág (-ja)	[ナドラーグ]
すみません。	Elnézést!	[エルネーゼーシュト]
	Bocsánat!	[ボチャーナト]

● 143

住む	lakik	[ラキク]	高い（背が）	magas	[マガシュ]
する	csinál	[チナール]	互い	egymás	[エジマーシュ]
ずるい	ravasz	[ラヴァス]	たくさんの	sok	[ショク]
座る	ül [ウル]	leül [レウル]	たくさん…する	sokat	[ショカト]
			タクシー	taxi	[タクスィ]

せ

正確な	pontos	[ポントシュ]
成功する	sikerül	[シケルル]
政治	politika	[ポリティカ]
政治家	politikus	[ポリティクシュ]
背中	hát (háta-)	[ハート]
先生	tanár, tanárnő 女性 [タナール（ネー）]	

助ける	segít (-eni)	[シェギート]
たずねる	kérdez	[ケールデズ]
頼む、注文する	kér	[ケール]
タバコを吸う	dohányzik (dohányoz-) [ドハーンズィク]	
旅する	utazik	[ウタズィク]
たぶん	talán	[ターラン]
食べ物	étel	[エーテル]
食べる	eszik (enni)	[エスィク]
たまご	tojás	[トヤーシュ]
だらしない	rendetlen	[レンデトレン]
だらしなく	rendetlenül [レンデトレヌル]	
だれ	ki	[キ]
誕生日	születésnap (-ja) [スレテーシュナブ]	
たんす	szekrény	[セクレーニュ]

そ

掃除する	takarít (-ani)	[タカリート]
相談する	megbeszél	[メグベセール]
速達，特急	expressz (-el) [エクスプレス]	
そこで	ott	[オット]
そして、それから	és	[エーシュ]
ソファー	fotel	[フォテル]
それでは	akkor	[アッコル]
そろそろ	lassan	[ラッシャン]

ち

チーズ	sajt	[シャイト]
近くに	közel	[ケゼル]
地下鉄	metró	[メトロー]
力	erő (ereje, erejük) [エレー]	
チケットオフィス	jegyiroda	[イェジイロダ]
父	apa	[アパ]
茶色の	barna	[バルナ]

た

大学	egyetem (-en) [エジェテム]	
台所	konyha	[コニハ]
怠慢な	lusta	[ルシュタ]
タオル	törölköző	[テレルケゼー]
高い（値段が）	drága	[ドラーガ]

日本語	ハンガリー語
（〜に）注意する	figyel -re [フィジェル]
昼食	ebéd [エベード]
昼食をとる	ebédel [エベーデル]
注文する	parancsol [パランチョル]
	kér [ケール]
チョコレート	csoki [チョキ]
	csokoládé [チョコラーデー]
チョコレートケーキ	csoki torta [チョキトルタ]

つ

疲れた	fáradt [ファーラット]
机	asztal [アスタル]
作る	csinál [チナール]
	készít (-eni) [ケースィート]
妻	feleség [フェレシェーグ]
つまり	azaz [アズアズ]
冷たい	hideg [ヒデグ]
強い	erős [エレーシュ]

て

手	kéz (keze-) [ケーズ]
定期券	bérlet [ベールレト]
ティッシュ	papírzsebkendő [パピールジェブケンデー]
停留所	megálló [メガーロー]
手紙	levél (levele-) [レヴェール]
できる	tud [トゥド]
	lehet [レヘト]
デザート	desszert [デッセルト]
デシリットル	deci [デツィ]
手に入れる、もらう	kap [カプ]
でも	de [デ]
テレビ	televízió [テレヴィーズィオー]
	tévé [テーヴェー]
店員	eladó, eladónő 女性 [エラドー（ネー）]
天気	idő [イデー]
電車	vonat [ヴォナト]
電灯	lámpa [ラーンパ]
電話番号	telefonszám [テレフォンサーム]
電話をかける	felhív [フェルヒーヴ]
	telefonál [テレフォナール]

と

…と…	és [エーシュ]
ドア	ajtó [アイトー]
ドイツ語、ドイツ人、ドイツの	német [ネーメト]
どういうこと？	Hogy hogy? [ホジ ホジ]
投函する	felad [フェルアド]
どうぞ	tessék [テッシェーク]
到着する	érkezik [エールケズィク]
どうでもいい	mindegy [ミンデジ]
遠くに	messze [メッセ]
通り	utca [ウッツァ]
独身の（男性）	nőtlen [ネートレン]
時計	óra [オーラ]

どこかへ	valahova [ヴァラホヴァ]		何かを	valamit [ヴァラミト]
どこから	honnan [ホンナン]		何で	mivel [ミヴェル]
どこで、どこに	hol [ホル]		何も…ない	semmi [シェンミ]
どこでも	mindenhol [ミンデンホル]		何を	mit [ミト]
どこへ	hova [ホヴァ]		名前の日	névnap (-ja) [ネーヴナプ]
どこまで	meddig [メッディグ]		何度も	sokszor [ショクソル]
年	év [エーヴ]		何にしますか？	Segíthetek? [シェギートヘテク]
図書館	könyvtár (-ban) [ケニフタール]		名前	név (neve-) [ネーヴ]
とても	nagyon [ナジョン]		名前は何ですか？	Hogy hívnak? (te) [ホジ ヒーヴナク]
…のとなりに	mellett [メッレット]			Hogy hívják? (ön) [ホジ ヒーヴャーク]
どのように	hogy [ホジ]			
	hogyan [ホジャン]		なる	lesz (lenni) [レス]
トマト	paradicsom [パラディチョム]		何歳ですか？	Hány éves vagy? (te) [ハーニ エーヴェシュ ヴァジ]
友達	barát (-ja), barátnő 女性 [バラート（ネー）]			Hány éves? (ön) [ハーニ エーヴェシュ]
トランク	bőrönd (-je) [ベーレンド]		何でも（＝みんな）	minden [ミンデン]
鶏肉	csirkehús [チルケフーシュ]		何らかの	valamilyen [ヴァラミエン]
どれ	melyik [メイク]			
土曜日	szombat (-on) [ソンバト]			

な

ない	nincs [ニンチュ]
長い	hosszú [ホッスー]
なぜ	miért [ミエールト]
なぜなら	mert ... [メルト]
	azért, mert ... [アズエールト メルト]
夏	nyár (-on, nyara-) [ニャール]
何か	valami [ヴァラミ]

に

2	kettő / két [ケッテー]
肉	hús [フーシュ]
西	nyugat [ニュガト]
西の	nyugati [ニュガティ]
日曜日	vasárnap [ヴァシャールナプ]
二等	másodosztály [マーショドオスターイ]
二度	kétszer [ケーッツェル]
日本	Japán [ヤパーン]

日本人、日本語、日本の	japán [ヤパーン]	博物館	múzeum (-ban) [ムーゼウム]
日本語で	japánul [ヤパーヌル]	箸	pálcika [パールツィカ]
庭	kert [ケルト]	はじめて	először [エレーセル]
		始める	kezd (-eni) [ケズド]

ね

ねえ！	Figyelj! -jen! [フィジェイ]	場所	hely [ヘイ]
ネクタイ	nyakkendő [ニャッケンデー]	バス	autóbusz [アウトーブス]
			busz [ブス]
熱	láz (láza-) [ラーズ]	パスポート	útlevél (útlevele-) [ウートレヴェール]
眠る	alszik (aludni) [アルスィク]	働く	dolgozik [ドルゴズィク]
		8	nyolc [ニョルツ]

の

ノート	füzet [フゼト]	話す	beszél [ベセール]
ノートパソコン	laptop [ラプトプ]		mesél [メシェール]
…のちに	múlva [ムールヴァ]		elmesél [エルメシェール]
のどがかわいた	szomjas [ソミヤシュ]	母	anya [アニャ]
飲み物	ital（一般）[イタル]		（口語anyu [アニュ]）
	üdítő（清涼飲料） [ウディテー]	パプリカ	paprika [パプリカ]
		ハム	sonka [ションカ]
飲む	iszik (inni) [イスィク]	速い	gyors [ジョルシュ]
乗り換える	átszáll [アートサール]	速く	gyorsan [ジョルシャン]
乗り物	jármű (járműve-) [ヤールムー]	早く（時間）	korán [コラーン]
		ハラースレー	halászlé [ハラースレー]
		バラトン湖	Balaton [バラトン]

は

		春	tavasz (-szal) [タヴァス]
		晩	este [エシュテ]
歯	fog (foga-) [フォグ]	パン	kenyér (kenyere-) [ケニエール]
はい。	Igen. [イゲン]	ハンカチ	zsebkendő [ジェブケンデー]
俳優	színész, színésznő（女優）[スィネース（ネー）]	ハンガリー	Magyarország(-on) [マジャロルサーグ]

日本語	ハンガリー語
ハンガリー語	magyar [マジャル]
	magyar nyelv [マジャル ニェルヴ]
ハンガリー語で	magyarul [マジャルル]
ハンガリー人	magyar [マジャル]
ハンサムな	helyes [ヘイェシュ]
ハンバーガー	hamburger [ハンブルゲル]
半分の	fél [フェール]

ひ

ビール	sör [シェル]
低い	alacsony [アラチョニ]
美人の	csinos [チノシュ]
人	ember [エンベル]
ひとつの	egy [エジ]
暇である	ráer [ラーエール]
病院	kórház (kórháza-) [コールハーズ]

ふ

ブーツ	csizma [チズマ]
フォーク	villa [ヴィッラ]
服	ruha [ルハ]
服を着る	öltözik [エルテズィク]
豚肉	sertéshús [シェルテーシュフーシュ]
普通に	simán [シマーン]
普通の	sima [シマ]
普通は	általában [アールタラーバン]
太った	kövér [ケヴェール]
冬	tél (-en, tele-) [テール]

振り向く	visszafordul [ヴィッサフォルドゥル]
降る	esik [エシク]
風呂場	fürdőszoba (-'ban) [フルデーソバ]
分	perc [ペルツ]
文化	kultúra [クルトゥーラ]
文学	irodalom (irodalm-) [イロダロム]

へ

別荘	nyaraló [ニャラロー]
ベッド	ágy (ágya-) [アージ]
部屋	szoba (-'ban) [ソバ]
ペシュト	Pest (-en) [ペシュト]
ペン	toll (tolla-) [トッル]
勉強する	tanul [タヌル]
弁護士	ügyvéd [ウジヴェード]
ヘンな	furcsa [フルチャ]

ほ

帽子	kalap (-ja) [カラプ]
放っておく	hagy [ハジ]
法律	jog [ヨグ]
他の	más [マーシュ]
他のを	mást [マーシュト]
ぼちぼちと	lassan [ラッシャン]
ホテル	szálloda [サーロダ]
本	könyv [ケニヴ]
本当に	tényleg [テーニレグ]
	biztos [ビストシュ]
本当の、本当	igaz [イガズ]

本屋	könyvesbolt (-ban, -ja) ［ケニヴェシュボルト］	見る	néz ［ネーズ］
			megnéz ［メグネーズ］
		みんな（もの）	minden ［ミンデン］
			mind ［ミンド］
		みんな（人）	mindenki ［ミンデンキ］

ま

まあ（＝ええと）	hát ［ハート］
まあ！（感嘆）	Jaj, de ...! ［ヤイ デ］
	De ...! ［デ］
まあまあ（元気）です。	Megvagyok. ［メグヴァジョク］
…の前で	előtt ［エレート］
まだ	még ［メーグ］
町	város ［ヴァーロシュ］
待つ	vár ［ヴァール］
まっすぐに	egyenesen ［エジェネシェン］
待ってください	Egy pillanat! ［エチ ピッラナト］
	Várjon! ［ヴァーリョン］
窓	ablak ［アブラク］

み

見える	lát ［ラート］
湖	tó (tava-) ［トー］
店	bolt (-ban, -ja) ［ボルト］
見せる	mutat ［ムタト］
緑の	zöld ［ゼルド］
ミネラルウォーター	ásványvíz (vize-) ［アーシュヴァーニヴィーズ］
耳	fül (füle-) ［フル］

む

昔から、だいぶ以前から	régóta ［レーグオータ］
むずかしい	nehéz ［ネヘーズ］
息子	fia (fiam, fiad, fia …) ［フィア］
娘	lány ［ラーニュ］
胸	mell ［メッル］

め

目	szem ［セム］
眼鏡	szemüveg ［セムウヴェグ］

も

…も	is ［イシュ］
もう	már ［マール］
木曜日	csütörtök (-ön) ［チュテルテク］
もしもし	halló ［ハッロー］
もちろんです。	Persze. ［ペルセ］
	Természetesen. ［テルミーセテシェン］
持って行く	visz (vinni) ［ヴィス］
もの静かな	csendes ［チェンデシュ］

や

やあ	szia [スィア]	
	helló [ヘロー]	
焼く	süt [シュト]	
野菜	zöldség [ゼルッチェーグ]	
やさしい	kedves [ケドヴェシュ]	
易しい	könnyű [ケンニュー]	
安い	olcsó [オルチョー]	
やせた	vékony [ヴェーコニュ]	
山	hegy [ヘジ]	

ゆ

夕食	vacsora [ヴァチョラ]	
郵便局	posta (-'n) [ポシュタ]	
ゆっくりと	lassan [ラッシャン]	
許す	megenged [メグエンゲド]	

よ

よい	jó [ヨー]	
陽気な	vidám [ヴィダーム]	
幼稚園	óvoda (-'ban) [オーヴォダ]	
幼稚園児	óvodás [オーヴォダーシュ]	
ヨーグルト	joghurt [ヨクフルト]	
よく	jól [ヨール]	
横たわる	fekszik (feküd-) [フェクスィク]	
…の横で	mellett [メッレット]	
呼ぶ	hív [ヒーヴ]	
読む	olvas [オルヴァシュ]	
よりよい	jobb [ヨッブ]	
よりよく	jobban [ヨッバン]	

弱い	gyenge [ジェンゲ]	
喜ぶ	örül [エルル]	
喜んで	szívesen [スィーヴェシェン]	
4	négy [ネージ]	
四度	négyszer [ネーツェル]	

ら

来年	jövőre [イェヴェーレ]	
ライラック	orgona [オルゴナ]	
ラジオ	rádió [ラーディオー]	

り

理解する	ért (-eni) [エールト]	
リットル	liter [リテル]	
両親	szülei (szüleim, szüleid, szülei ...) [スレイ]	
料理	étel [エーテル]	
料理する	főz [フェーズ]	
料理本	szakácskönyv [サカーチケニヴ]	
旅行書	útikönyv [ウティケニヴ]	
旅行する	utazik [ウタズィク]	

れ

零、ゼロ	nulla [ヌッラ]	
歴史	történelem (történelm-) [テルテーネレム]	
レストラン	étterem (-ben, étterm-) [エーッテレム]	
列	sor [ショル]	

ろ

6   hat [ハト]

わ

ワイン   bor [ボル]
忘れる   elfelejt (-eni)
              [エルフェレイト]
私は   én [エーン]
私たちは   mi [ミ]
私たちを   minket [ミンケト]
              bennünket [ベヌンケト]
私を   engem [エンゲム]
悪い   rossz [ロッス]
悪く   rosszul [ロッスル]

●著者紹介●

岡本真理（おかもと　まり）

大阪大学　人文学研究科　外国語専攻　教授

CD付
ゼロから話せるハンガリー語［改訂版］

2014年10月10日　第1刷発行
2022年 2 月10日　第2刷発行

著　　者——岡本真理
発 行 者——前田俊秀
発 行 所——株式会社 三修社
　　　　　〒150-0001　東京都渋谷区神宮前2-2-22
　　　　　TEL 03-3405-4511
　　　　　FAX 03-3405-4522
　　　　　振 替 00190-9-72758
　　　　　https://www.sanshusha.co.jp
　　　　　編集担当　永尾真理
印 刷 所　倉敷印刷株式会社

カバーデザイン　峯岸孝之（Comix Brand）
本文イラスト　　九重加奈子
本文地図作成　　田中祐介
本文組版　　　　株式会社 欧友社

Ⓒ2014 MARI OKAMOTO Printed in Japan
ISBN978-4-384-04607-6 C0087

JCOPY 〈出版者著作権管理機構 委託出版物〉
本書の無断複製は著作権法上での例外を除き禁じられています。複製される場合は、そのつど事前に、出版者著作権管理機構（電話 03-5244-5088 FAX 03-5244-5089 e-mail: info@jcopy.or.jp）の許諾を得てください。